Mitos del Shotokan

松濤館の神話

Mitos del Shotokan

松濤館の神話

Las respuestas prohibidas a los misterios del karate Shotokan

Kousaku Yokota

横田耕作

ISBN: 978-0-9982236-5-0

Este libro fue impreso en los Estados Unidos de América.

Para solicitar ejemplares adicionales de este libro, comuníquese con:
Azami Press
1-765-242-7988
www.AzamiPress.com
Info@AzamiPress.com

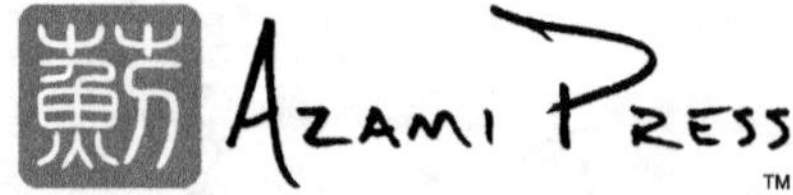

Dedicatoria
奉納

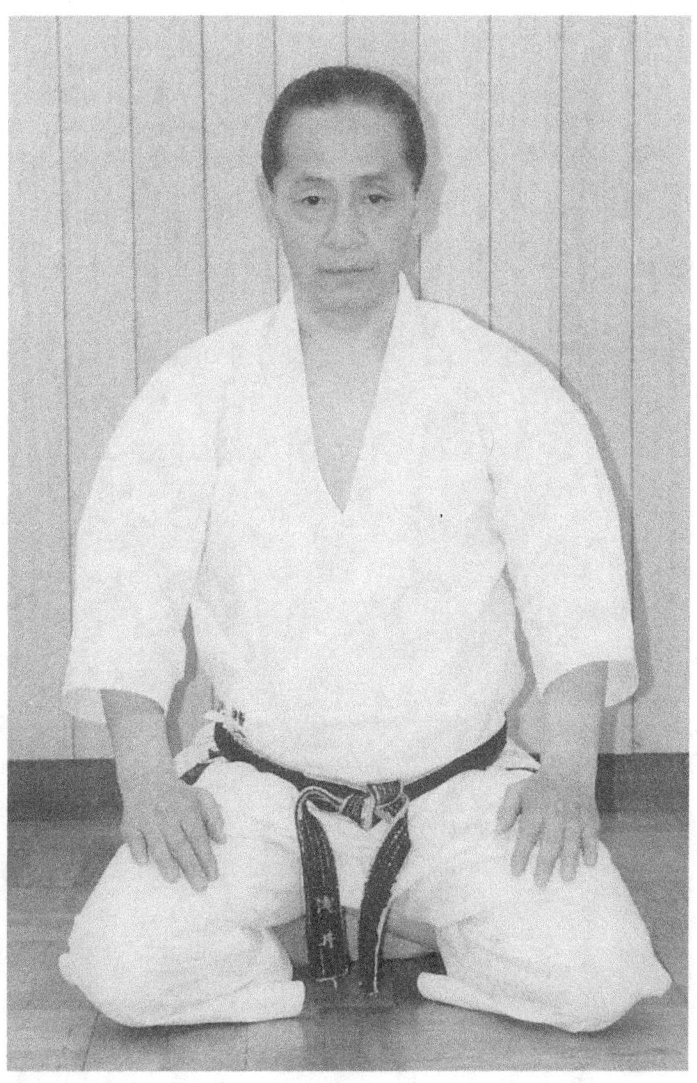

Le dedico este libro a la memoria del gran maestro Tetsuhiko Asai (1935–2006), décimo *dan*, instructor principal, Japan Karate Shotorenmei (JKS). Fue el mejor maestro del karate Shotokan de toda la historia. Fue mi último *sensei* y es el modelo de mi meta inalcanzable.

Biografía de Kousaku Yokota
経歴

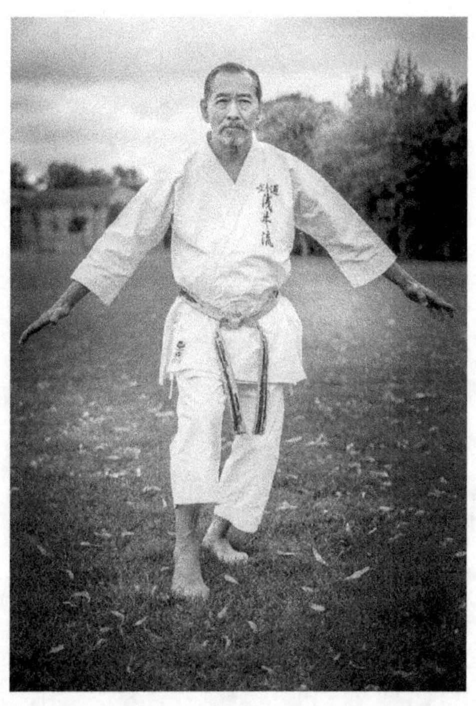

El *shihan* Kousaku Yokota (横田耕作), noveno *dan*, es un *karateka* profesional con amplia experiencia en diversas artes marciales. Con casi sesenta años de entrenamiento en el karate Shotokan (松濤館空手), se especializa en el karate Asai Ryu Bujutsu (浅井流武術空手). Su amplia gama de experiencia incluye el entrenamiento en el *kobudo* (*nanasetsuben* y *nunchaku*), en el arte del *ki* y en el método de respiración del Nishino Ryu Kikojutsu (西野流気功術). Fue miembro de la JKA durante cuarenta años y luego se hizo miembro de la JKS y estuvo allí durante siete años. En 2013, fundó su organización, la ASAI (Asai Shotokan Association International [www.asaikarate.com y www.facebook.com/asairyukarate]), en honor al maestro Tetsuhiko Asai (浅井哲彦). El *shihan* Yokota viaja por todo el mundo para compartir el conocimiento y las técnicas del karate Asai Ryu. Además de la presente obra, *Mitos del Shotokan*, también es autor de *Shotokan Myster-*

ies (Azami Press, 2013), *Shotokan Transcendence* (Azami Press, 2015), *Karatedo Paradigm Shift* (Azami Press, 2017) y *Karatedo Quantum Leap* (Azami Press, 2018). *Mitos del Shotokan* se ha traducido al francés y al portugués. Todas estas obras están disponibles en *Amazon*.

Agradecimientos
感謝の言葉

Muchas personas son responsables de hacer posible este libro, algunas más directamente que otras. Quiero expresarles mi gratitud a todos aquellos que tan generosamente aportaron de su tiempo y experiencia a la creación de este libro.

Les debo una palabra de agradecimiento a mis estudiantes Phillip Kim, diseñador fotográfico, y Oleg Syrel. Phillip me ayudó con la creación del hermoso diseño de la portada y también con las fotos de los capítulos sobre el *bunkai* de Tekki. Oleg sale como modelo en el capítulo sobre el *kata* Hangetsu.

Y, por último, pero no por ello menos importante, a todos mis instructores pasados y presentes les doy las gracias de corazón por haberme brindado el entendimiento y el conocimiento de este gran estilo de karate que es el Shotokan. Como dijo el maestro Funakoshi, "El entrenamiento del karate es un esfuerzo de toda la vida". Aprendo algo nuevo casi todos los días.

En el pasado, aprendía de mis *sensei* y de mis compañeros en la práctica del arte. Hoy en día, mis estudiantes son mis maestros. Sin todos ustedes, mi karate no estaría donde está hoy en día, y este libro probablemente no se habría hecho realidad.

Muchas gracias a todos ustedes.

皆さん本当にありがとうございました。
Minasan honto ni arigato gozaimashita.

Prólogo

Por Fabio Alfonso Ávila Gómez
Yondan, Asai Ryu
Presidente, ASAI Colombia
Director, ASAC (ASAI South America Council)
Bogotá, Colombia

Mi nombre es Fabio Alfonso Ávila Gómez, y tengo más de cuarenta años de práctica del *karatedo*. Para mí, es un honor, de ésos que sólo se dan una vez en la vida, poder expresar mi pensamiento acerca de esta obra del *shihan* Kousaku Yokota, ya que mucho se ha hablado de los contenidos de los programas de *kyu* y *dan* en el *karatedo*, pero en esta oportunidad, el texto nos lleva a explorar más allá de lo que a simple vista está en los currículos del *karatedo* Shotokan.

Shotokan Myths es una obra cuya primera aparición data de hace diez años y que aborda con claridad temas que hasta hoy eran considerados tabú e incluso no eran tenidos en cuenta. Y se adentra para develar esos mitos en un trabajo incansable, serio y dedicado del *shihan* Yokota que no sólo habla de técnicas básicas y de técnicas avanzadas, sino que además muestra qué hay detrás de esas técnicas y qué fundamento fisiológico, médico y psicológico las sustenta, lo que nos lleva a una mejor comprensión de las técnicas y, por ende, a una mejor aplicación de las mismas.

Esta primera versión en español muestra que el *karatedo* Shotokan trasciende fronteras, y así como el conocimiento y la maestría llegan a quienes trabajan duro en investigación para mejorar y entender mejor nuestra práctica, también deben llegar a todos los que, a través de textos como *Mitos del Shotokan*, aumentamos el conocimiento y lo transmitimos, mejorando nuestro estilo a futuro.

Para cualquier *karateka*, pero aún más, para quienes le dedicamos nuestra vida a la enseñanza del *karatedo*, definir con claridad esos conceptos es darle una visión más amplia a nuestro estilo Shotokan.

El conocimiento está ahí para quien quiera tomarlo, pero la forma de interpretarlo y la forma de impartirlo dependen de los puntos de vista que cada uno tenga al respecto. Finalmente, lo que no cambia es el resultado de investigaciones bien fundamentadas, ya que la ciencia es exacta. Y, en este caso, *Mitos del Shotokan* se puso al servicio de la ciencia, y ésta a su vez les sirve de sustento sólido a sus contenidos.

Recomiendo plenamente este texto por el refuerzo que significa para todos los practicantes del *karatedo* Shotokan en cualquier parte del mundo, de cualquier nivel.

Prólogo

Por Sinval Corrêa Bittencourt

Nanadan, Asai Ryu

Representante del Asai Ryu en el Medio Oeste

Academia Performance, Goiânia, Brasil

El *shihan* Kousaku Yokota, en su primer libro, *Shotokan Myths*, desmitifica el karate Shotokan y, echando luz en la oscuridad, devela el secretismo de varias técnicas y perpetúa el legado del *shihan* Tetsuhiko Asai.

Los secretos y puntos oscuros, inalcanzables para la mayoría de los *karateka*, fueron abordados y aclarados, lo que facilitó el entendimiento y, por consiguiente, el aprendizaje para los lectores. *Kime*, *hikite*, *snapback*, *bunkai*, *Karate ni sente nashi*, *Sente hissho*, etc., se encuentran entre los métodos abordados.

El maestro, como gran investigador de la historia y de la evolución del karate Shotokan, busca base sólida en estudios científicos del modo del karate moderno, presenta particularidades, así como didácticas y teorías de enseñanza muy específicas y eficaces.

Los libros *Shotokan Myths* y *Shotokan Mysteries* son obras maestras que presentan conceptos teóricos y aclaran muchas dudas sobre el noble arte marcial. Basado en los conocimientos privilegiados, resultado de sus viajes por el mundo y de las investigaciones realizadas a lo largo de los años, le tocó al maestro Kousaku Yokota revelar secretos sin olvidar adaptar el contenido de acuerdo con las particularidades de cada país.

El *shihan* Kousaku Yokota inspira la continuidad de las técnicas evolutivas del Asai Ryu y da ejemplos de aquello que, sin duda alguna, caracteriza la evolución, el alma del Shotokan en la actualidad. Al abarcar aspectos comúnmente evitados en la enseñanza del karate y no comprendidos por los *karateka*, el maestro Kousaku Yokota muestra las dificultades que impiden la evolución del practicante de las artes marciales, proporcionando conciencia acerca de los errores y dificultades enfrentados en el entrenamiento.

Como practicante del karate Shotokan en Brasil durante muchos años, recomiendo la lectura de *Shotokan Myths*, un estudio del arte marcial legítimo del karate Asai Ryu. Un gran *osu* a los libros publicados, a los lectores y, en especial, al *shihan* Kousaku Yokota por el valor de luchar y permanecer como un verdadero *samurai* en la lección de vida y amor al karate y, como se le reconoce, como un gran maestro del karate Asai Ryu.

Que los libros les traigan a todos una evolución en el eterno aprendizaje de este arte marcial milenario. ¡*Osu*!

Prólogo

Por Samir Berardo

Traductor de *Mitos do Shotokan* (edición en portugués)

Copresidente y Embajador, ASAI Brasil

Belém, Brasil

La mayoría de las personas que tienen la suerte de tener este libro en sus manos probablemente ya saben lo formidable que es el karate Shotokan. Sin embargo, con la más profunda sinceridad, también podemos decir que no todo en el estudio contemporáneo del estilo es alegría y satisfacción, incluso para los seguidores más dedicados y apasionados. De hecho, es precisamente para ellos que el viaje hacia el conocimiento sigue con una mezcla de satisfacción y confusión —y a veces hasta frustración —. Estos practicantes apasionados por el karate, con el tiempo, observan que el camino del aprendizaje muchas veces pasa por preguntas que quedan sin respuesta, o por respuestas que parecen insatisfactorias. ¿Será posible que falte algo, o que algo sea incorrecto, en la instrucción que recibimos?

Pensándolo bien, no debe ser una sorpresa total que este arte tan increíble y profundo, con su popularidad mundial y sus millones de practicantes, haya tenido dificultades para alcanzar a tantos practicantes, maestros y escuelas sin experimentar la dilución o la pérdida de contenido, la confusión y hasta la propagación de ideas equivocadas o mitos. Junto con otros factores, es posible que incluso la característica cultural japonesa de evitar los cuestionamientos haya contribuido en parte a la dificultad de transmisión (hasta tal grado que en algunas escuelas es posible utilizar una sola palabra: *osu* —curiosamente muy popular en el mundo occidental— para decir tanto "sí" como "no", pero *siempre* de acuerdo y de aceptación). Como resultado, muchos aspectos importantes y notables de nuestro arte se han quedado sin explicación en gran parte —yo diría en la mayoría— de los *dojo* contemporáneos. Es una realidad dura y, a veces, incluso difícil de aceptar.

Me parece probable que varios de los lectores alguna vez hayan compartido las reflexiones o los sentimientos anteriores, lo que también me sucedió a mí. Mi situación empezó a cambiar cuando conocí el libro *Mitos del Shotokan* (entonces en inglés, *Shotokan Myths*) de Kousaku Yokota Sensei.

Desde el principio, me quedé impresionado con la actitud (que hasta entonces era insólita para mí) demostrada por el autor, un maestro de karate japonés: tratar abierta y francamente los temas que muchos practicantes siempre querían cuestionar, pero pocos tenían el valor (o la oportunidad) de hacerlo —y sobre los cuales aún menos personas lograban recibir respuestas realmente satisfactorias—. Llegué a considerar a Yokota Sensei como un caso raro y valiosísimo entre sus pares.

La experiencia de leer el libro fue inolvidable —como si un fino rayo de luz por fin indicara el camino seguro e inequívoco después de un largo viaje vagando por la oscuridad—. Como si encontrar esa obra no fuera suerte suficiente, también tuve la dicha de entrenarme directamente con Yokota Sensei en múltiples ocasiones, ver con mis propios ojos y hasta sentir directamente —en demostraciones controladas, pero no por eso dejaban de ser devastadoras— la práctica comprobada de las enseñanzas que había aprendido teóricamente en aquella obra. Después de eso, tuve el honor de traducirla, por lo que pude ayudar a compartir con mis colegas hablantes de la lengua portuguesa esa valiosa experiencia de conocimiento —que hasta el día de hoy se profundiza y deja nuevos frutos, pues Yokota Sensei siguió publicando libros nuevos y excelentes, y también porque incluso las antiguas lecciones mantienen un potencial de aprendizaje prácticamente inagotable—.

Ante las circunstancias y el contenido notable del libro, *Mitos del Shotokan* pasa a ser un punto clave en la historia de las obras sobre el karate, y especialmente sobre el estilo originado a partir de las enseñanzas del maestro Gichin Funakoshi, esto es, sobre el Shotokan. Con claridad y rigor teórico, se abordan temas fundamentales para la formación teórica y técnica de todo *karateka*: satisfactorios para los principiantes y obligatorios para los avanzados; reveladores para todos los niveles, considerando la cantidad de mitos y confusión deshechos; y, finalmente, con excelentes lecciones históricas y análisis minuciosos de la técnica, e incluso la filosofía, del karate.

Como ejemplo de estos temas tan relevantes, tenemos el capítulo inicial sobre el *kime* —una de las características distintivas del karate moderno— en una explicación que finalmente abarca y aclara (entre otros detalles) uno de los componentes indispensables que completan la fórmula del refinamiento técnico del karate y del mismo *kime*: la relajación corporal (cuyo valor fue demostrado de manera inigualable por el difunto maestro Tetsuhiko Asai).

Tenemos el siguiente capítulo con revelaciones sobre el *hikite* (el jalón de la mano de atrás hacia la región de la cadera durante la ejecución de varias técnicas de karate). Esto se trata de otra característica distintiva de nuestro arte, ejecutada prácticamente todo el tiempo pero, aun así, con una aplicación no muy bien entendida por los practicantes del mundo.

Más adelante, Yokota Sensei aborda la riqueza, la variedad y la profundidad técnica poco conocidas de los métodos usados para golpear en el Shotokan, como las diferentes variaciones (no siempre conocidas) del *mae geri*: la versión con impacto rápido y retroceso instantáneo del pie (normalmente llamada *keage*) y la versión con ataque penetrante (*kekomi*) —siendo esta última una joya muy poco conocida hoy en día en las escuelas de todo el mundo—.

Después de una secuencia de capítulos formidables, Yokota Sensei concluye con una aclaración fundamental sobre una de las lecciones más famosas del maestro Funakoshi: el principio conocido como *Karate ni sente nashi* (空手に先手無し) y frecuentemente traducido —y no sin cierta confusión, como se verá— al portugués como '*Não existe primeiro ataque no karatê*' (que sería 'No hay primer ataque en el karate' en español). El capítulo completa radiantemente un círculo de sabiduría sobre nuestro arte, volviendo al momento inicial (y quizás el más crucial) del combate corporal al momento de considerarse el uso de las técnicas de karate para fines de autodefensa: el primer ataque. Todo eso parte de las enseñanzas del mismo maestro Funakoshi y revela con precisión lógica e histórica el significado de aquella lección del maestro.

A pesar de la experiencia y el currículum vítae ejemplares de Yokota Sensei, el lector de *Mitos del Shotokan* se dará cuenta de que el autor aún conserva una actitud humilde (propia de los verdaderos maestros pero muy poco observada en la práctica) que incluso invita y anima a los que estudian su obra a participar directamente en las reflexiones compartidas, manteniendo así el espíritu crítico y posiblemente llevando a la profundización del aprendizaje sobre nuestro arte. Quizás la postura abierta, como ser humano y como estudioso, y el espíritu de principiante (*shoshin* [初心]), del budismo zen y de las artes marciales japonesas, que mantiene Yokota Sensei (a pesar de su currículum vítae de gran maestro) hayan sido los componentes que le han permitido llegar tan lejos en su propio viaje de aprendizaje. Probablemente no es posible medir hasta dónde ha llegado, pero, en este momento, registra y comparte una parte de esa experiencia en forma de libros (siendo *Mitos del Shotokan* el primero de la serie), y todo indica que vendrán más enseñanzas, demostrando que, en el karate, la búsqueda, el estudio y el aprendizaje nunca terminan —como enseña la frase aún popular en algunos *dojo* de Okinawa: *kyudo mugen* (究道無限, 'el camino del estudio es infinito', en traducción libre)—.

El mundo del karate en las últimas décadas ha estado pasando por un momento histórico con el aumento de interés de parte de los practicantes de todo el mundo en conocer con profundidad y exactitud las raíces y la esencia del arte. Uno de los grandes momentos de esta época brillante en la que vivimos, y sobre todo uno de los mejores momentos para el Shotokan, fue la publicación del libro *Mitos del Shotokan*. A través de esta edición en español, los practicantes y estudiosos del karate hablantes de esta lengua pasan por la puerta de entrada a ese momento histórico.

Prólogo

Por Patrick McCarthy

Hanshi Noveno Dan

Director, International Ryukyu Karate Research Society

Brisbane, Australia

Lo que más me gustó del tesoro de información que tienes en las manos es la sencillez con la que el autor, Yokota Sensei, transmite todo lo que hay que saber sobre el karate Shotokan. Nacido, criado y entrenado en Japón, Yokota Sensei ha vivido y enseñado el karate Shotokan en EE.UU. durante más de tres décadas. Familiarizado con todas las obras publicadas sobre el Shotokan, cree que una gran parte de su información histórica, técnica y filosófica está dispersa, incorrecta e incompleta. Con un espíritu guerrero forjado en el horno de la austeridad, Yokota Sensei aprendió los caminos antiguos directamente bajo la tutela del difunto maestro Tetsuhiko Asai.

En el espíritu de *bunburyodo* (文武両道, 'literatura y arte marcial'), Yokota es un guerrero estudioso que blande una espada de sencillez para transmitir un mensaje tradicional. Entiende claramente que el valor de cualquier cadena sólo es tan confiable como su eslabón más débil. Al comparar el karate Shotokan con una cadena debido a su fuerza y sus muchas conexiones, Yokota cree que el verdadero dominio de este arte sólo se logra a través del equilibrio entre el entrenamiento físico y mental.

En otras palabras, la información histórica, técnica y filosófica debe respaldar el entrenamiento físico. Cuando esto no ocurre, se produce un desequilibrio notable. Hablando metafóricamente, el viajar más allá del arte físico para estudiar su naturaleza posibilita una penetración más profunda de su abismo. Esta obra importante reúne esta información y logra transmitir un estudio integral y fácil de leer.

Al reunir una gran cantidad de información histórica, técnica y filosófica directamente relacionada con el karate Shotokan, Yokota Sensei facilita respuestas claras a preguntas frecuentemente ignoradas o tratadas de manera muy superficial. Además, los temas tratados en este libro invitan a la reflexión y son suficientemente sencillos y claros como para que los entiendan los principiantes, pero suficientemente diversos e integrales como para que los disfruten los artistas marciales expertos también. En resumen, la forma en que se presenta la información seguramente provocará a todos los artistas marciales a reflexionar sobre lo que ya saben en lo que los reta a seguir explorando sus conocimientos para llegar a un conocimiento definitivo.

Al compartir sus pensamientos y opiniones en esta obra, Yokota Sensei construye un puente a través del cual el pasado está conectado con el presente. Al facilitar una manera sencilla de transmitirle fielmente la historia, la técnica y la filosofía del karate Shotokan a la próxima generación de estudiantes, también le rinde homenaje al legado del arte y a la vez honra la herencia de los pioneros que tuvieron la mayor responsabilidad de desarrollarlo.

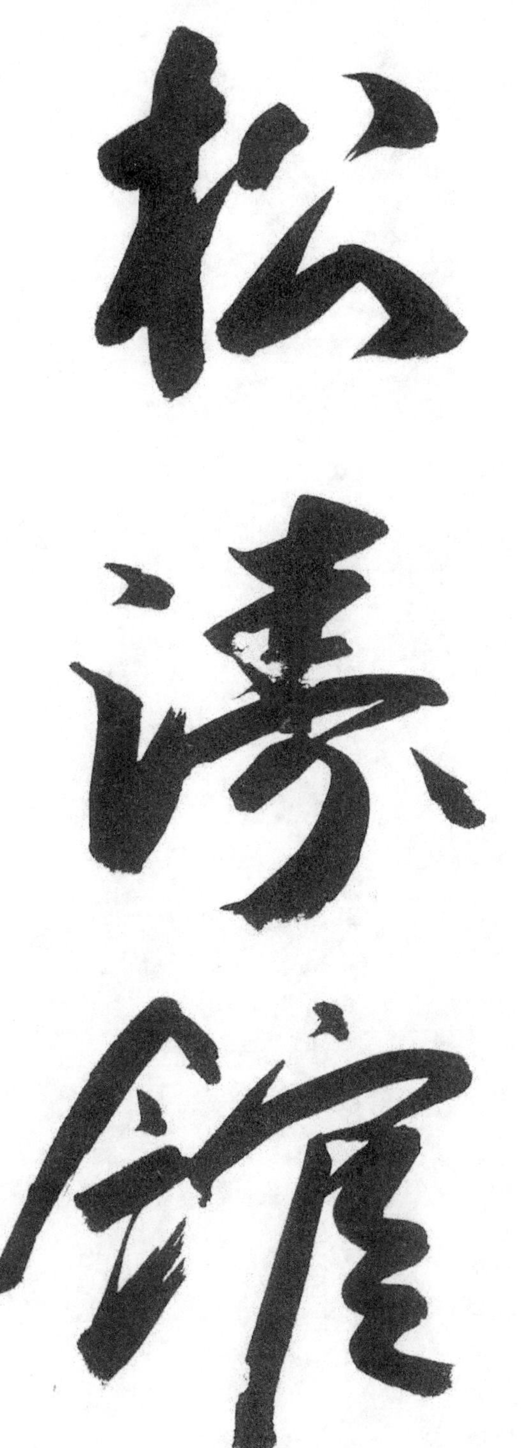
松濤館

Prefacio

初めに

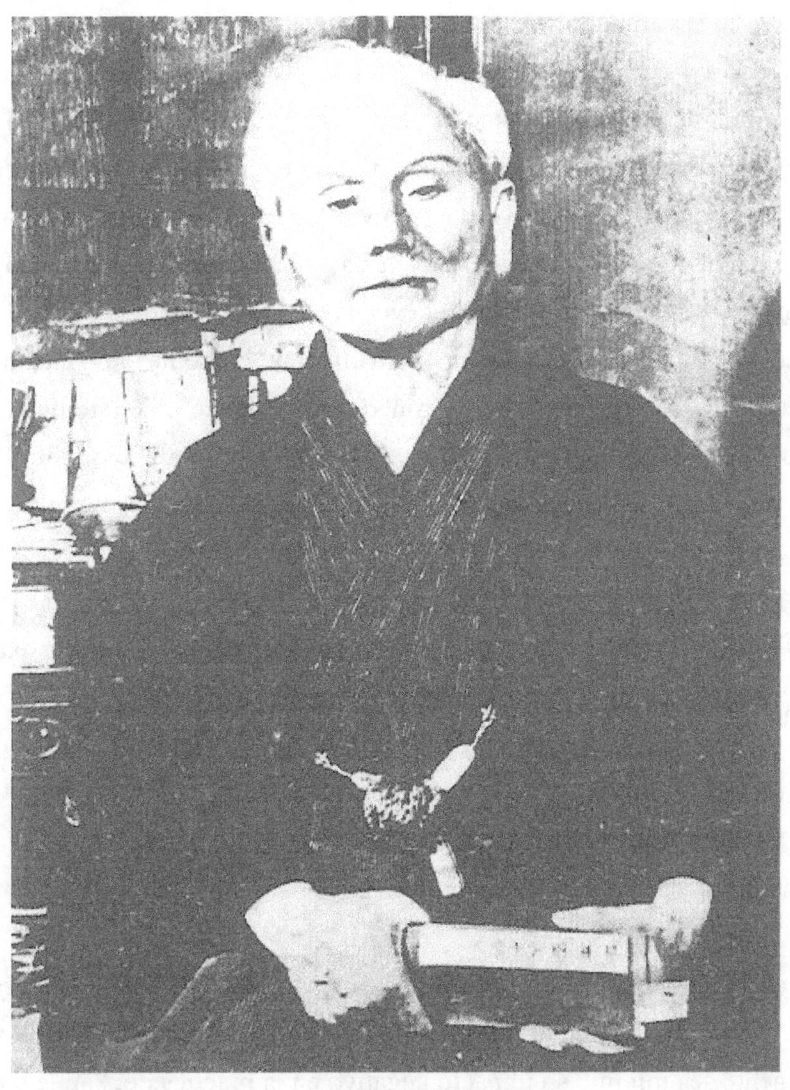

El maestro Gichin Funakoshi, fundador del karate Shotokan (1868–1957)

Como ya saben muchos, el karate moderno fue introducido en las islas principales de Japón desde Okinawa hace menos de un siglo. Su introducción en EE.UU. y Europa ocurrió después de la Segunda Guerra Mundial, o sea, hace un poco más de setenta años. A pesar de su historia tan corta, millones de personas ahora practican el karate en todo el mundo, y esta cifra no es una exageración.

Teniendo en cuenta que Japón es famoso por su exportación de productos manufacturados como los productos electrónicos y los automóviles, como persona japonesa, me complace mucho ver que una parte de la cultura japonesa, el karate, le ha hecho un gran aporte al mundo. A la vez, no estoy del todo satisfecho con el estado actual del mundo del karate. Hay varios asuntos importantes, y uno de ellos es el tema que voy a tratar en este prefacio.

Hace más de medio siglo que practico el karate, y me he dado cuenta de que existen muchos mitos y conceptos erróneos con respecto al karate que persisten hasta hoy en día. Por supuesto, algunos son ridículos, y la mayoría de los practicantes del karate se reirían de ellos. Algunos ejemplos de estos mitos son los siguientes:

- Pelear con un perro grande (de policía) es un requisito para un examen de *dan*.
- Un practicante de cinta negra tiene que registrar los puños en la comisaría (como un arma).
- Una técnica secreta llamada *la muerte de tres años* hace que la víctima muera tres años después de recibirla.

Desafortunadamente, hay otros mitos que son bien conocidos entre los practicantes, y se creen la mayoría de ellos. Algunos sólo son conceptos erróneos y posiblemente sea mínimo su impacto negativo en la práctica del karate o el mejoramiento de las habilidades de karate. Por otro lado, hay otros que impedirían que los practicantes lograran las verdaderas técnicas de karate.

Soy plenamente consciente de que algunos de los puntos son controvertidos y me imagino que algunas personas no estarán de acuerdo con mis opiniones y explicaciones. Creo que es bueno plantear estos puntos para entablar una conversación abierta donde podamos revisarlos y pensar detenidamente sobre estos temas importantes. Definitivamente no estoy afirmando que lo sepa todo ni que haya dominado todos los aspectos del karate y de las artes marciales. Todavía estoy buscando la verdad y espero aprender algo nuevo cada día.

Les atribuyo mi conocimiento y entendimiento del karate a mis dos instructores. Tengo una deuda con los siguientes maestros.

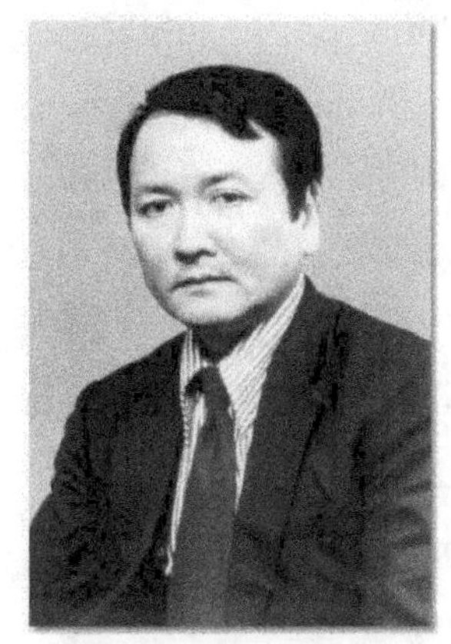

El maestro Jun Sugano (菅野淳, 1928–2002), noveno *dan* y ex vicepresidente de la JKA, fue mi primer instructor en la sede de la JKA en la prefectura de Hyogo en 1963 y fue también el instructor principal de la región de Kansai cuando pasé por un período de *kenshusei* (研修生, 'aprendiz') desde 1981 hasta 1983. Compartió muchos conocimientos profundos respecto al karate Shotokan y su historia, no tanto en el *dojo*, sino más frecuentemente en una cantina que tenía adonde llevaba a sus instructores auxiliares para tomar una copa.

Era un *karateka* bien conocido en Kobe. Escuché (de otros instructores) que se enojaba fácilmente cuando era joven y que a menudo se metía en peleas. Vivía en una ciudad donde estaba la sede de un grupo *yakuza* que era muy grande, el Yamaguchi Gumi (山口組). Cuando se encontraban con Sugano Sensei, se hacían a un lado y lo dejaban pasar, haciéndole una reverencia en lo que pasaba.

Para un japonés, Sugano Sensei era un hombre grande, pues era de 5 pies con 10 pulgadas (1.78 metros) y pesaba más de 200 libras (90 kilos). Probablemente no necesitaba el karate para pelear. Aunque tenía una cara que daba miedo, era todo un caballero. Era respetado y querido por todos sus estudiantes. Desafortunadamente, fumaba y tomaba demasiado, y esos vicios le acortaron la vida. Fui miembro de la JKA durante cuarenta años —tenía una membresía de por vida— y, después del fallecimiento del maestro Sugano en 2002, cambié mi membresía a la

JKS (la organización de Asai Sensei).

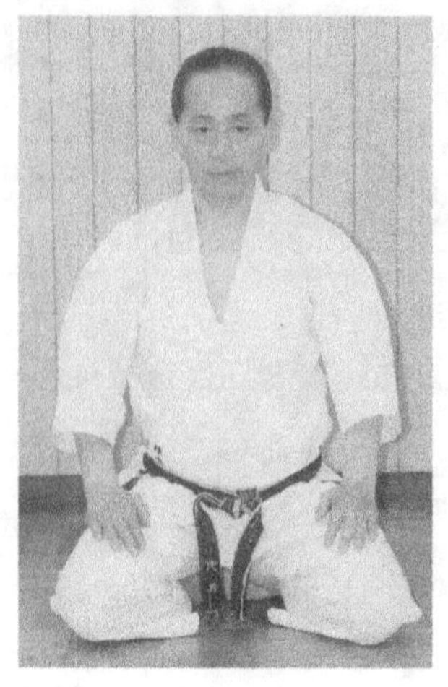

El maestro Tetsuhiko Asai (浅井哲彦, 1935–2006), décimo *dan* y fundador de la JKS y del karate Asai Ryu (浅井流空手), fue un *karateka* y artista marcial mundialmente conocido. Fue el director técnico (*shido bucho* [指導部長]) de la JKA durante muchos años y luego fundó la Japan Karate Shoto Federation (日本空手松濤連盟 [JKS]) en 2000.

Asai Sensei falleció en 2006 por insuficiencia cardíaca. No dejó de entrenarse ni de hacer viajes al extranjero, ni siquiera cuando le dio una enfermedad grave. Trabajaba excesivamente, y su cuerpo no pudo con sus actividades. Fue uno de los últimos *samurai*, y murió por y para el karate.

Me enseñó muchas cosas que iban más allá del conocimiento de lo que había aprendido como practicante de la JKA. No hace falta una introducción de su historial con el karate; sin embargo, hay varias cosas que no son ampliamente conocidas, pero son hechos que afectaban su estilo de artes marciales.

Kung fu Grulla Blanca

Asai Sensei vivió en Taiwán durante muchos años. Mientras promovía el karate Shotokan allá, aprendió el *kung fu* Grulla Blanca de varios maestros. Uno de los maestros de *kung fu* con el que intercambiaba técnicas tenía una hermana menor, una actriz famosa en Taiwán, y Asai Sensei terminó casándose con ella.

Practicaba más de 150 *kata*. Algunos fueron creados por él, y muchos provenían del *kung fu* Grulla Blanca. Por eso su estilo era más circular y tenía muchas técnicas de mano abierta. También notarás que los movimientos de rotación del cuerpo son comunes en los *kata* de la JKS.

Tenketsu (*Dim Mak*)

Estudiaba el *tenketsu* (点穴), un arte de manipulación de los puntos nerviosos críticos del cuerpo. Conocía los puntos del cuerpo en los que podía causar daños graves, parálisis, daños a los nervios y posiblemente la muerte. Decía que, al aplicarles presión a esos puntos, no tenía que depender de la fuerza para hacer que sus ataques y defensas fueran eficaces.

Armas

Practicaba con muchas diferentes armas, incluidos el *sai*, el *tonfa*, el *bo*, el *nunchaku*, etc., pero lo que más le gustaba era el látigo de nueve secciones (*kyusetsuben* [九節鞭]), ya que esta arma le enseñaba a utilizar el brazo como látigo.

Flexibilidad y articulaciones

La flexibilidad era muy importante para él. Pasaba mucho tiempo haciendo estiramientos para mantener intacto su cuerpo flexible. Su cuerpo era como la goma y no sólo era flexible, sino que también era elástico como un resorte que rebota y recupera su forma original.

También enfatizaba la importancia del uso de las articulaciones. Decía: "No se bloquea con el antebrazo o con la muñeca. Se utilizan los codos y las articulaciones de los hombros". Era un concepto difícil, pero tenía sentido cuando demostraba sus técnicas de bloqueo.

Relajación y *ki*

Sus movimientos se realizaban con una acción de látigo, y esto se debía no sólo a la flexibilidad, sino también a la relajación total de su cuerpo. También estudiaba el *kiko* (気功 [leído como *qìgōng* en chino]) para sus ejercicios de *ki* y respiración, y su esposa es maestra de este arte.

Según la National Qigong Association (NQA), "el *qigong* se puede describir como una práctica de mente, cuerpo y espíritu que mejora la salud mental y física al integrar la postura, el movimiento, las técnicas de respiración, el masaje por uno mismo, el sonido y la determinación concentrada. Es probable que existan miles de estilos, escuelas, tradiciones, formas y linajes de *qigong*, cada uno con sus aplicaciones prácticas y diferentes teorías con respecto al *qi* ('respiración sutil' o 'energía vital') y al *gong* ('habilidad cultivada a través de la práctica constante')" (texto traducido del sitio www.nqa.org/what-is-qigong-).

Aunque hay muchos artículos sobre el maestro Asai, no hay ningún libro que trate sus experiencias con el karate y las artes marciales de manera integral. Después del fallecimiento de Asai Sensei, a la Sra. Asai le preocupaba que su nombre y su aporte al karate fueran olvidados. Escuché que la Sra. Asai actualmente está haciendo una película acerca de Asai Sensei y que piensa escribir una biografía al respecto en algún momento futuro.

La mayoría de las ideas y los conceptos escritos en este libro se basan en el conocimiento y la sabiduría que adquirí de estos dos maestros, así como de mi propia investigación personal. Yo soy el responsable de todos los conceptos e ideas.

No creo que todos mis conceptos y creencias sean correctos. Los hechos que encontré en mi investigación podrían ser incorrectos. Le pido disculpas al lector si hay hechos históricos incorrectos o ideas equivocadas. Creo en el no dejar de aprender hasta el día que muera, así que me encanta escuchar de los lectores y ser expuesto a cualquier otro hecho o conocimiento que pueda corregir mis errores y ayudarme a entender mejor el karate.

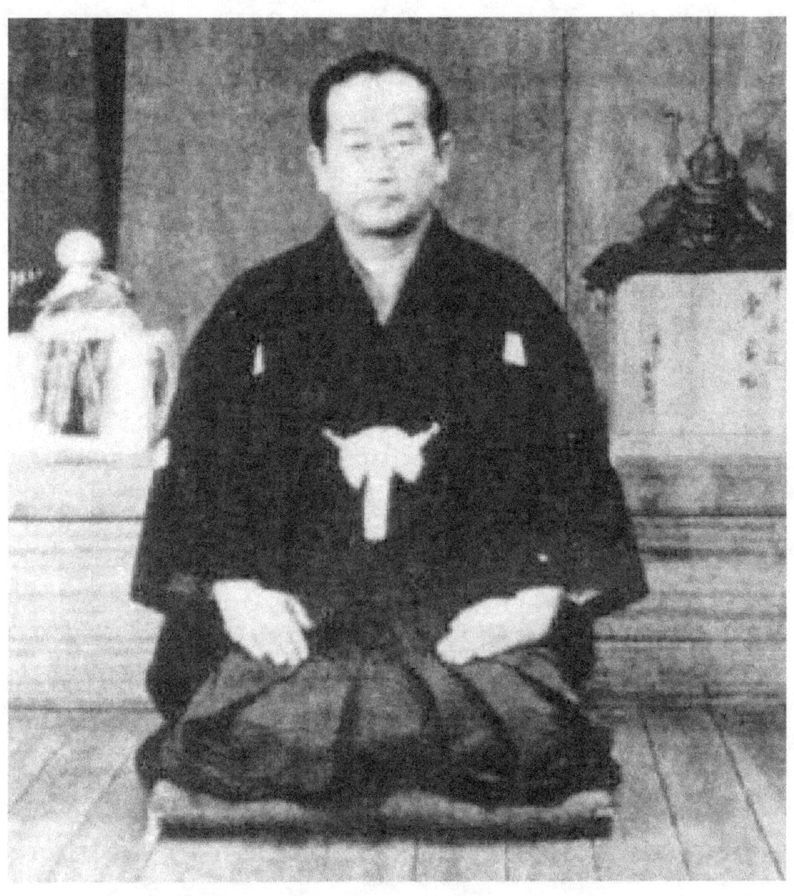

El maestro Masatoshi Nakayama, instructor principal, JKA
(1913–1987)

Índice

Capítulo uno
第一章

Kime
極め

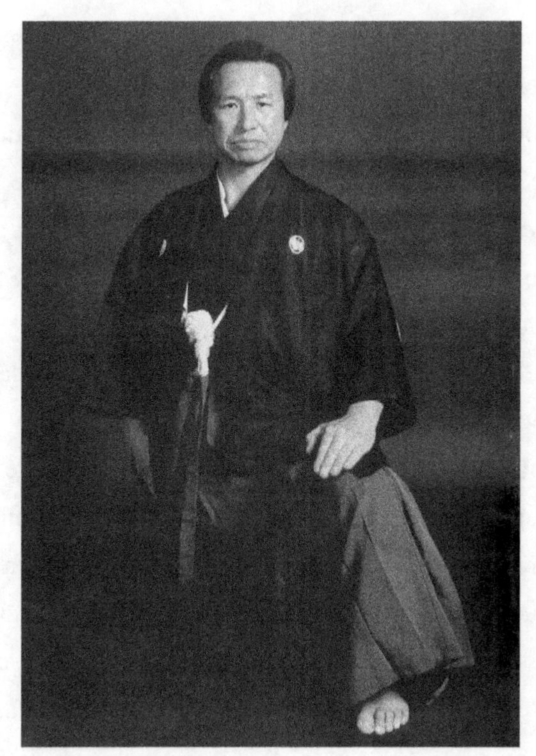

El *kime* (極め) es una característica distintiva del karate Shotokan. El lector estará de acuerdo en que un *kime* perfecto es con lo que soñamos al ejecutar *oi zuki* (追い突き) o *gyaku zuki* (逆突き). ¡Zas! ¡Pum! Fíjate en el *tsuki* que se encuentra a continuación en la foto de Keinosuke Enoeda (榎枝慶之輔, 1935–2003). Sí, esto es el Shotokan.

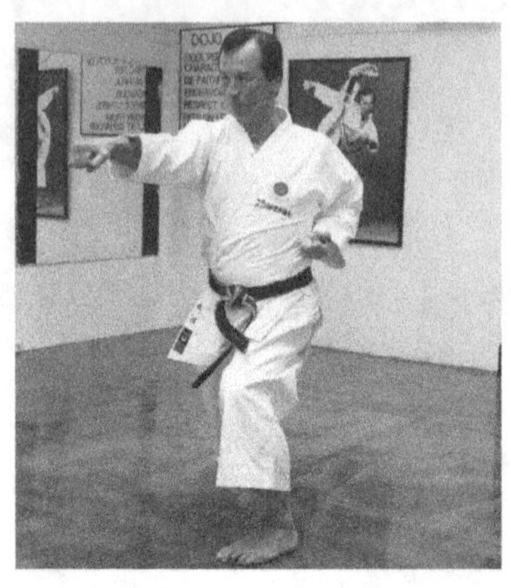

Efectivamente, los golpes y patadas potentes son una característica distintiva del karate Shotokan (松濤館空手). Si te fijas en los *kata* del Shito Ryu (糸東流), la ejecución se ve fluida, pero las técnicas se ven "débiles". Los *kata* del Goju Ryu (剛柔流) tienen muchos *neko ashi dachi* (猫足立ち) y *sanchin dachi* (三戦立ち), y, aunque los movimientos de brazo son circulares, estos movimientos, así como las posturas, se ven cortos y no tienen suficiente *kime*. (Nótese: Quiero enfatizar que de ninguna manera estoy tratando de menospreciar ningún estilo. Simplemente estoy comparando las impresiones generales del Shotokan con las de otros estilos.)

Si las impresiones anteriores coinciden con las tuyas, entonces preguntarás: "Está bien, ¿y qué?". Pues, aguanta la respiración que ahí te va una afirmación impactante: el *kime* (o, más precisamente, el fomentar el *kime*) es probablemente la acción más dañina para la mayoría de los practicantes del Shotokan cuando se entrenan, sobre todo para los principiantes.

Soy consciente de la gravedad y la naturaleza controvertida de mi afirmación. Sin embargo, estoy convencido de que todos los instructores y practicantes serios deben conocer y entender muy bien este problema prevaleciente en el entrenamiento del Shotokan. A pesar del riesgo de ser malentendido, me atrevo a escribir este capítulo, ya que creo que este conocimiento se debe expresar públicamente. Así que, por favor, sigue leyendo para captar la verdadera esencia de mi afirmación.

Quiero afirmar enfáticamente que *no* estoy identificando como un problema el *kime* en sí o el tener un *kime* correcto al realizar las técnicas. Si eres capaz de producir un *kime* bueno y correcto, y sientes que tus movimientos en general son fluidos, entonces puede que esto no sea ningún problema. Lo que quiero comunicar es que el problema es el cuerpo excesivamente tenso producido por el *kime*.

Pero ¿no que el *kime* es un cuerpo tenso? Recordamos que algunos instructores explicaban el *kime*, diciendo: "Para realizar el *kime*, el cuerpo entero debe estar tan tenso como una estatua de bronce, así", y luego demostraban el *kime* con un brazo tenso y un puño cerrado extendidos hacia adelante, utilizando un *zenkutsu dachi* (前屈立ち) muy bajo. Se les distorsionaba la cara, apretaban fuertemente los dientes, y se notaba cómo todos los músculos de alrededor del cuello resaltaban conforme se iban poniendo tensos.

Efectivamente, aquellos instructores tienen éxito, y muchos practicantes del Shotokan sí que parecen estatuas de bronce. ¿Acaso no hemos escuchado o leído las críticas de parte de otros estilos (sobre todo de los practicantes del *kung fu* que les encanta categorizar), afirmando que somos "rígidos"? Podemos simplemente hacerles caso omiso a ellos y a sus comentarios, diciendo: "Ellos no conocen el verdadero poder del Shotokan". Pero ¿de verdad podemos hacerles caso omiso a sus críticas cuando el Shotokan está produciendo tantos practicantes de aspecto tieso y rígido? Podríamos consolarnos diciendo: "Que hablen. Si nos enfrentáramos, podríamos tirarlos al piso con un solo golpe". Pero espera un segundo. Mientras los practicantes del Shotokan peleen en las competencias de semicontacto, nadie sabrá con seguridad si tu potente golpe derribaría al contrincante. ¿O quisieras retarlos a una pelea de contacto completo?

Busquemos el significado de *tieso* en el diccionario. Según la vigésima tercera edición del *Diccionario de la lengua española* de la Real Academia Española, *tieso* significa "duro, firme, rígido" o "terco, inflexible". Como se incluye entre las definiciones el sinónimo *rígido*, conviene buscar la definición de esta palabra también, la cual es "que no se puede doblar o torcer". Por lo tanto, si uno se pone tieso o rígido, sus técnicas de karate pueden ser fuertes o potentes, pero quizás no se muevan libremente. ¿No te parece interesante esto?

Veo por lo menos dos problemas graves y dañinos asociados con el *kime*. Uno es la pérdida de fuerza, y el otro es la pérdida de rapidez en las técnicas (golpes, bloqueos, etc.). Además, la ejecución del karate no se verá fluida y natural, sino más bien rígida y tambaleante. Déjame explicar estos puntos más a fondo.

Para lograr la máxima tensión (*kime*), lo primero y lo más importante que hay que hacer es relajarse. El grado de tensión se correlaciona con la diferencia entre el nivel de tensión y el nivel de relajación. En otras palabras, mientras más grande el intervalo entre la tensión y la relajación, más punzante el *kime* que se puede lograr.

Para dar un ejemplo, digamos que dos practicantes tendrán el resultado final de una tensión del cien por ciento. Mientras que uno empieza con los músculos relajados con una tensión del veinte por ciento y luego alcanza un *kime* de ochenta grados, el otro empieza con los músculos bastante tensos con una tensión del sesenta por ciento y luego alcanza un *kime* de sólo cuarenta grados, o sea, la mitad de lo del primer practicante. Esta tensión sostenida —aunque alcance un *kime* del cien por ciento al final— dará como resultado un golpe tipo empujón para el segundo practicante en vez del golpe agudo y punzante que quisiera tener.

Ahora, todos los instructores y practicantes avanzados saben esto; sin embargo, los principiantes no saben controlar los músculos de una manera definida y compleja para equilibrar la tensión y la relajación. Así que, naturalmente, contraen todos los músculos (rigidez total). Somos testigos de esto cada vez que vemos a un practicante de cinta blanca que se mueva como robot.

Todo esto es natural y es de esperarse. ¿Recuerdas cuando aprendiste a manejar por primera vez? ¿Te acuerdas de lo rígidos que tenías los brazos en lo que las manos apretaban el volante? ¿Y ahora, después de años de estar manejando? A estas alturas, has de manejar con una mano relajada en el volante mientras la otra hace otras cosas, como sostener una taza de té, un teléfono celular, etc., lo cual no recomiendo para nada. Claro que quieres ir avanzando hacia ese nivel (de brazos relajados), ya que te das cuenta de que, en realidad, así puedes manejar mejor y operar de una forma más libre. Si fueras instructor de manejo, nunca le dirías a un estudiante en su primera clase: “Aprieta los brazos para obtener la fuerza máxima para girar el volante”. Dirías: “Baja los hombros y relaja los brazos”.

Por supuesto, los objetivos finales de las técnicas de karate y las habilidades de manejar son diferentes. No estás tratando de generar *kime* al manejar; sin embargo, el concepto fundamental del control corporal o muscular sigue siendo el objetivo de ambos. Al lograr un control muscular fino, el practicante puede superar los movimientos rígidos y robóticos y pasar a un nivel más alto de fluidez en los movimientos del cuerpo.

Quisiera recomendar encarecidamente que todos los instructores les digan a sus estudiantes que se relajen lo más que sea posible antes de realizar cualquier movimiento del cuerpo, incluidos los movimientos de las piernas. Puede que no estés de acuerdo con la idea de relajar las piernas, ya que siempre debemos tener posturas fuertes. Éste es un tema interesante que se puede tratar, pero no lo vamos a tocar aquí, ya que estamos tratando el concepto general de tensión y relajación para el *kime*.

El *kime* prematuro que ocasiona un golpe tipo empujón no es el único problema. Esta condición también te hará considerablemente más lento. Volvamos a la analogía del manejo. Un golpe tipo empujón equivale al pisar el freno y el acelerador a la vez. Estoy seguro de que has visto un automóvil delante de ti con las luces de freno continuamente encendidas a pesar de que todavía está avanzando. Sí, ese conductor está pisando el freno y el acelerador a la vez. Si bien esta acción puede ser aceptable, no se considera una práctica de manejo segura.

En el karate, no queremos tener una técnica lenta, medio avanzando y medio parando. Queremos tener un impacto rápido como un cohete que se estrella contra el blanco. ¿Alguna vez has oído hablar de un cohete con un mecanismo de freno? Claro que no. Si ése es caso, ¿por qué necesitamos el *kime* o el concepto de frenar en el karate? ¿Por qué no podemos disparar el puño como una bala, y que le dé fuerte al blanco?

Bueno, una bala está hecha de metal y puede penetrar un blanco sólido, mientras que el puño es blando y ligero, por lo que no hace un impacto destructivo cuando está completamente relajado. Sólo imagínate lo que le pasaría al puño si lo utilizaras para darle a un *makiwara* en esa condición relajada. Es por eso que

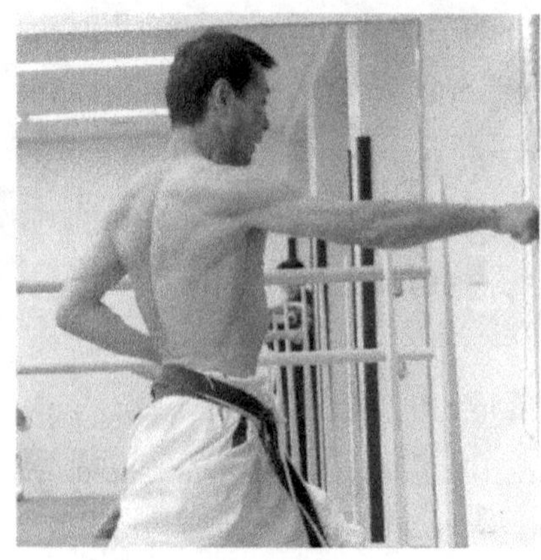

necesitas apretar el puño pero sin lanzarlo como una bala. Necesitas utilizar el cuerpo para impulsar el puño como el dispositivo explosivo de un cohete (véase la foto de Mikio Yahara [矢原美紀夫, 1947–] a la izquierda).

Al hablar del *makiwara*, tendemos a pensar en un pedazo de madera maciza con un cojín duro o una cuerda amarrada alrededor. Éste es el tipo que normalmente utilizan la mayoría de los practicantes avanzados. También hay uno más blando que se puede doblar fácilmente y que tiene un cojín blando. Normalmente, se considera que éste es para los principiantes. Hay otra forma en que los practicantes avanzados pueden utilizar este *makiwara* blando, pero eso no lo vamos a tratar en este capítulo. He contado, sin embargo, una breve historia del *makiwara* en el capítulo 4, así que disfrutarás de ese capítulo si eres entusiasta del *makiwara*.

Cuando le das a un *makiwara*, incluso si sólo aprietas los dedos, esta acción contraerá naturalmente los músculos del antebrazo y funcionará como un freno, desacelerando el golpe. Así que si el brazo entero o todo el cuerpo está tenso, entonces la acción de frenado que se genera será inmensa.

Es por eso que el *kime* no debe durar más de la décima o, mejor aún, la centésima parte de un segundo. El *kime* se puede comparar con el filo de una espada —mientras más afilado el filo, mejor puede cortar la espada—. En el karate, una tensión más breve ocasiona una técnica más afilada. Cuando el *kime* es demasiado largo —digamos, un segundo o más— la técnica ya no es una espada, sino un palo de madera. Al moverse con fuerza, un palo o un bate de béisbol aún puede lastimar, pero no puede cortar.

Entonces, ¿por qué los instructores no dicen mejor: “Utiliza el *kime* por la centésima (o la décima) parte de un segundo”? Es porque una tensión larga tiene el efecto visual y la apariencia ilusoria de un buen *kime*. Es como flexionar los músculos de la parte superior de los brazos para presumir los bíceps grandes, aunque esto en sí realmente no es ninguna prueba de poder o fuerza.

El realizar el *kime* correctamente es realmente una técnica en sí. Sí, es una técnica (de alto nivel, en realidad) simplemente ser capaz de controlar el cuerpo de tal manera, ya sea que tenga que ver con una técnica de karate o no. Puede que muchos instructores no estén de acuerdo con mi afirmación anterior, diciendo que ellos sí les dicen a los principiantes que se relajen. Igual y sí lo hacen, pero eso no es suficiente. Lo que necesitan hacer es ir más allá y ayudarles a sus estudiantes a lograr una relajación suficiente (o a reducir la tensión al mínimo nivel).

Puede que los principiantes digan que están relajados, pero, en realidad, están muy tensos sin saberlo siquiera. Un trabajo importante para cualquier instructor es reducir el nivel de tensión antes de que empiece el entrenamiento y tratar de mantenerlo bajo durante toda la sesión de entrenamiento. Esto les resulta muy difícil a los instructores, ya que podrían recibir un falso sentido de satisfacción de un entrenamiento duro, en el que todos los estudiantes estén sudando y jadeando. Sin embargo, lo más importante que deben hacer los estudiantes en la clase es aprender las técnicas y cómo mejorarlas. Si simplemente quieren sudar y cansarse, siempre pueden ir al gimnasio a levantar muchas pesas. Debemos ser honestos y retarnos a nosotros mismos a enseñar en ambientes donde los estudiantes puedan aprender.

Cabe mencionar que un factor que permite, y de hecho fomenta, el "*kime* largo" es la popularidad de las competencias en los torneos (tanto las de *kata* [形] como las de *kumite* [組手]). Elijo no explicar los detalles aquí. Lo considero innecesario, ya que creo que la mayoría de los lectores ya conocen la relación entre el *shiai* y el *kime* largo.

Por lo tanto, varios maestros conocidos se dieron cuenta de la dificultad de la relajación e hicieron algunos cambios en sus enseñanzas y entrenamientos. Quisiera tratar lo que los siguientes tres maestros han intentado y han hecho: Shigeru Egami, Hirokazu Kanazawa y Tetsuhiko Asai.

Shigeru Egami (江上茂, 1912–1981)
Shotokai (松濤會)

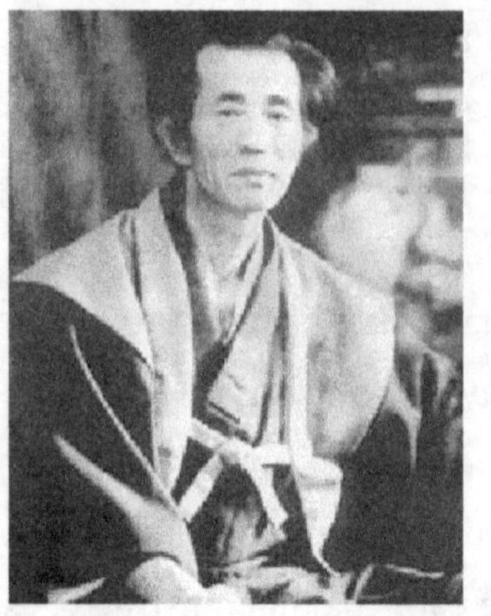

Según la biografía de Egami, que se encuentra en el sitio *Shotokai Encyclopedia Karate-do & Martial Arts*, Egami heredó la organización Shotokai a los cuarenta y cinco años, después de la muerte del maestro Gichin Funakoshi (船越義珍, 1868–1957) en 1957. He aquí un párrafo relacionado con el punto que he estado tratando:

> Cuando analizas el Karate-do que desarrolló Egami a lo largo de sus años de estudio, variaban la mecánica de algunas técnicas, la zona de ataque, los movimientos, etc. En términos generales, el método se volvió más fluido, más continuo. Había un fuerte énfasis en la relajación y el desarrollo de un *kime* perfecto, enfocando toda la energía en un solo punto.

Esa última frase le atina perfectamente. Para desarrollar un *kime* perfecto, él creía que se debía enfatizar la relajación. "Enfo[car] toda la energía en un solo punto" indica el proceso de convertir el puño en una bala que penetre al atacante.

Según la versión japonesa del sitio *Nihon Karatedo Shotokai* (www.shotokai.jp/en_about/en_teacher/en_egami), Egami empezó a cambiar su entrenamiento después de la muerte del maestro Funakoshi. Señala que buscaba el "mayor golpe con el máximo poder de penetración". Si eso era lo que quería lograr, era muy natural que se diera cuenta de que la relajación total era la clave. La Shotokai parece ser una organización muy exclusiva, y sus miembros no creen en los torneos. Tienden a evitar la cooperación con otras organizaciones del Shotokan (al menos en Japón y EE.UU.).

Una consecuencia interesante de la búsqueda de la relajación total en el karate de parte de Egami fue el nacimiento de un arte marcial nuevo, Shintaido (新体道). Fue fundado por uno de los estudiantes de Egami, Hiroyuki Aoki (青木宏之, 1936–). Aquí no tengo espacio para explicar con lujo de detalle lo que es el Shintaido. Sólo puedo decir que sus técnicas tienen movimientos corporales mucho más circulares y movimientos relajados como los de la Shotokai. Sugiero que los lectores interesados investiguen un poco las técnicas, no sólo las de la Shotokai, sino también las del Shintaido, para ampliar su conocimiento y su perspectiva.

Hirokazu Kanazawa (金澤弘和, 1931–2019)
Shotokan Karate-do International Federation (國際松濤館空手道連盟)

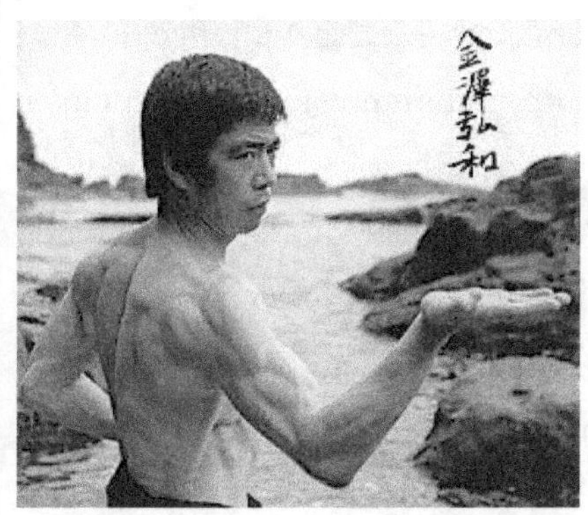

Kanazawa fue una estrella en ascenso de la Japan Karate Association (日本空手協会 [JKA]) en los sesenta y setenta, pero salió de la JKA en 1978. Sorprendentemente, él y su organización, la Shotokan Karate-do International Federation (SKIF), son más conocidos fuera de Japón.

Es un hecho bien conocido que practicaba el *taichi* y el *aikido* para complementar su entrenamiento. Aunque existen muchos diferentes estilos de *taichi* (anteriormente llamado *tai chi chuan* o *tàijíquán* [太極拳]), el entrenamiento más conocido consiste en las rutinas de cámara lenta que practican juntos algunos grupos de personas en los parques de China. Se considera un arte marcial de estilo suave, un arte aplicado con fuerza interna. Obviamente, él complementaba el arte marcial de *estilo duro* que es el Shotokan con este arte marcial de estilo suave para complementar su entrenamiento y así obtener movimientos fluidos.

También eligió el *aikido* obviamente para aprender un arte marcial que se enfocara en las técnicas de proyección. El *aikido* y el *judo* tienen el mismo ancestro, el *jujutsu*, pero es natural que haya elegido el *aikido* y no el *judo*, ya que aquél tiene un *maai* (間合い, 'distancia') parecido, mientras que el de éste es una distancia de agarres. Las técnicas de *aikido* no dependen de la fuerza muscular, sino más bien de las técnicas utilizadas para desequilibrar al atacante con un *maai* parecido al del karate.

Puesto que sólo llegué a asistir a algunos de los seminarios de Kanazawa y no tuve contacto personal con él o con su organización, estas afirmaciones respecto a él y a su entrenamiento sólo son mis suposiciones.

Tetsuhiko Asai (浅井哲彦, 1935–2006)
Japan Karate Shoto Federation (日本空手松濤連盟)

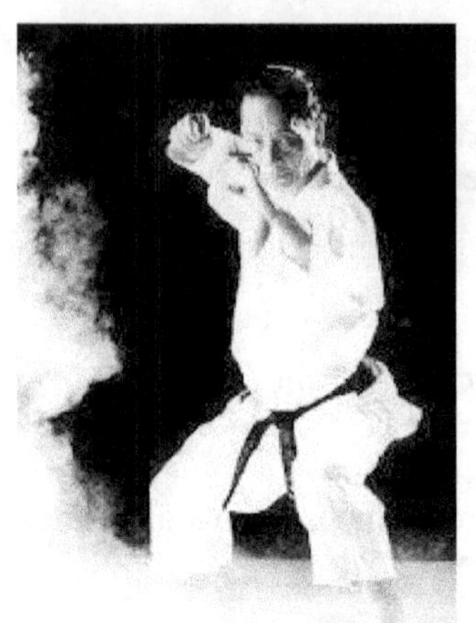

Es realmente lamentable que haya fallecido Asai en 2006, pero dejó una gran impresión e influencia en todos los practicantes del Shotokan, así como en los de otros estilos tradicionales del karate. Era conocido por su cuerpo flexible y ágil, así como por sus técnicas que eran como latigazos. Tengo la suerte de haber recibido algo de instrucción personal de parte de este instructor mundialmente conocido.

Asai aprendió un estilo chino, al igual que Kanazawa, pero eligió un estilo duro que se enfoca en la fuerza externa, es decir, Grulla Blanca, que se conoce como *hakutsuru ken* (白鶴拳 [leído como *báihèchuán* en chino]), cuando fue a Taiwán en los sesenta. Allá conoció a su esposa y al hermano mayor de ella. El cuñado de Asai es un maestro de este estilo y ahora tiene más de ochenta años. La Sra. Asai me ha contado muchas historias interesantes acerca de las sesiones de entrenamiento y los intercambios de técnicas entre estos dos maestros de dos estilos diferentes.

Asai en sí ya era una persona flexible, pero con el *kung fu* Grulla Blanca, profundizó su conocimiento, aprendiendo a utilizar los brazos y las piernas como un látigo. Para hacer esto, aprendió que la parte superior del cuerpo tenía que estar completamente relajada para dar un golpe y que los músculos de las piernas tenían que estar completamente relajados para dar una patada. También aprendió a controlar los músculos por separado, con máxima precisión, para obtener la destreza de las diferentes partes del cuerpo. Asai viajó muchas veces a Europa, así que estoy seguro de que muchos de los practicantes de la Japan Karate Shoto Federation (JKS) de esa región han sido testigos de las hazañas que se encuentran a continuación.

Tenía tanto control de los músculos de alrededor de los hombros que podía mover el hombro con suficiente rapidez como para ocasionar un impacto como el de un golpe directo. Para él, el golpe de una pulgada era una tarea fácil. Decía que lo máximo era el golpe de cero pulgadas con el brazo completamente extendido y el puño tocando el blanco. Si podía golpear con el hombro, lo único que tenía que hacer era transmitirle la fuerza al brazo extendido.

También demostraba la misma fuerza en las caderas. Podía derribarte con la acción de látigo de las caderas cuando tratabas de sujetarlo con los brazos. Es obvio que, para realizar estas hazañas, el cuerpo no debe estar tenso. Incluso en sus últimos años, pasaba un mínimo de dos horas cada mañana haciendo estiramientos y realizando ejercicios complejos para relajar los músculos. Puedes ver algunos de estos ejercicios únicos en un video (VHS) de la JKS en el que el mismo Asai ejecuta muchos *kata* y *bunkai*, incluidos los de la JKA y del *kung fu* Grulla Blanca.

Como instructores del siglo XXI, ahora estamos obligados a tener un mejor entendimiento de la fisiología y la kinesiología. Reconozcamos la importancia de la relajación corporal y enfoquémonos más en la preparación del cuerpo para el aprendizaje que en la creación de tensión o la generación de fuerza. La tensión es un gran obstáculo para los principiantes y los estudiantes que estén tratando de aprender las técnicas.

A fin de cuentas, una mejor relajación dará como resultado un mejor *kime* pero con los beneficios adicionales de un mejor control del cuerpo y una mejor fluidez en los movimientos del cuerpo. Al lograr esto, podremos invitar orgullosamente a los practicantes del *kung fu* a nuestro entrenamiento e impresionarlos no tan sólo con nuestro potente *kime*, sino también con nuestros movimientos fluidos, así como lo hacían Asai Sensei y Kanazawa Sensei con los practicantes de otras artes marciales chinas. De hecho, tanto la JKS como la SKIF tienen *dojo* en Taiwán y en la China continental.

En conclusión, recomiendo que todos los *yudansha* (有段者, 'practicantes de cinta negra') dejen de enfatizar el *kime* en su entrenamiento y le pongan más atención a la relajación del cuerpo. ¿No es hora de que nosotros los *yudansha* abandonemos los movimientos robóticos (rígidos) del cuerpo y comencemos a aprender a generar más fuerza y movimientos corporales más fluidos?

Capítulo dos
第二章

Hikite
引き手

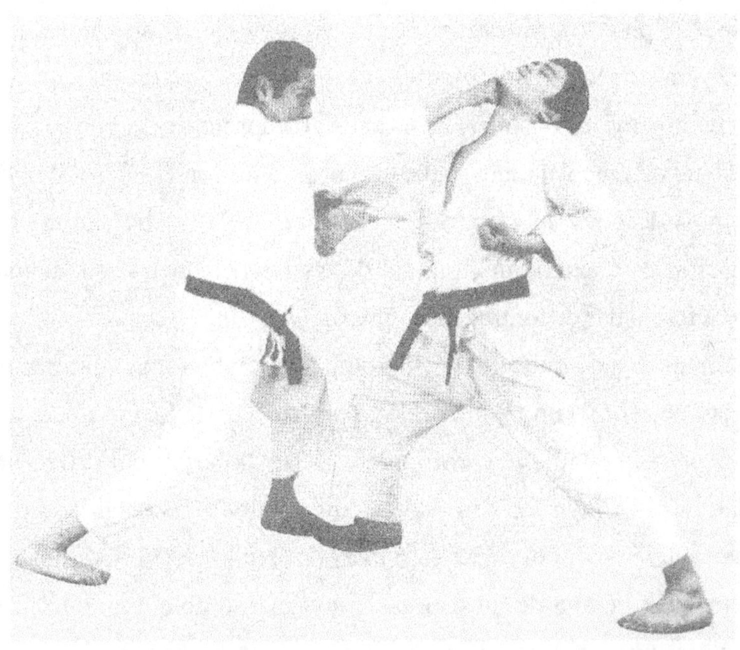

Asai Sensei ejecuta un *jodan teisho uchi*. Nótese el *hikite* característico de la mano izquierda.

¿Es necesario un buen *hikite* para dar un golpe potente? *Hikite* (引き手) es una palabra japonesa compuesta de *hiki* (引き), que significa 'jalar' o 'tirar', y *te* (手), que, por supuesto, significa 'mano'. Cuando empecé mi entrenamiento de karate en los sesenta, un *senpai* (先輩) me dio las primeras lecciones, y él me enseñó a ejecutar un *chudan zuki* (中段突き) con una postura natural. Nunca lo olvidaré, Kato Senpai (加藤先輩). Apenas tenía cinco pies (un metro y medio) de estatura pero era tan rápido como un rayo (ahora que recuerdo cómo ejecutaba Enpi).

En fin, Kato Senpai dijo: "Extiende la mano izquierda y coloca el puño derecho en la cadera derecha. Muy bien, allí es donde empieza el golpe. Ahora, jala el puño izquierdo muy rápidamente hacia la cadera y, al mismo tiempo, golpea con el puño derecho, así". Ejecutó varias veces delante de mí un impresionante *chudan seiken zuki* (中段正拳突き). Aunque parecía bastante sencillo y fácil de imitar, descubrí que era difícil voltear el puño que daba el golpe, y también jalar el otro hacia la cadera (*hikite*). Él explicó: "Necesitas ponerle más atención al *hikite* que al puño que da el golpe. Mientras más rápida y fuertemente jales el *hikite*, más rápido y fuerte será el golpe". Como era mi primer día de entrenamiento de karate, sus palabras hicieron un gran impacto en mi mente.

Unos cuantos meses después, cuando estaba aprendiendo *gohon kumite* (五本組手, 'combate de cinco ataques'), tuve un problema con el *hikite* de nuevo. Como todos sabemos, después del quinto bloqueo, el defensor debe dar un contragolpe. Como defensor, dejé extendida la mano defensiva (bloqueo hacia arriba, bloqueo hacia abajo, etc.) al dar el contragolpe. Dijo mi *senpai*: "¡No, no, no! Necesitas ejecutar el *hikite* al dar el contragolpe. El golpe será mucho más fuerte con un fuerte *hikite*". Creí haber dado un buen contragolpe, pero el no haber ejecutado el *hikite* fue un gran error que tenía que corregir. Para ser honesto, era difícil no sólo por la necesidad de coordinar los dos brazos, sino también por el miedo que tenía de bajar la mano defensiva del *jodan age uke* (上段上げ受け) mientras el puño del contrincante estaba cerca de mi cabeza. Tenía miedo de que me golpeara la cara con el puño, pero luego descubrí que el contrincante era tan amable de sostener el puño arriba de mi cabeza.

Sospecho que la clase de experiencia descrita anteriormente es muy común para la mayoría de la gente al empezar el entrenamiento de karate. Debo enfatizar que la corrección y el cambio forzados por aquel *senpai* eran lo correcto, y yo habría hecho lo mismo en la misma situación. Al golpear con *hikite*, los dos brazos se mueven simultáneamente en sentido contrario. Este proceso debe llegar a ser tan natural como cuando se mueven los dos pies en armonía al momento de caminar. Si tratas de caminar con un solo pie en lo que arrastras el otro pie, el paso no será fluido, y el movimiento no será natural. El mecanismo de caminar se nos hace muy natural, y el mecanismo del *hikite* también puede llegar a ser natural para el *karateka* (空手家) después de un año de práctica. Después de que se haga parte de tu movimiento natural, no lo pensarás mucho y tendrás un golpe potente acompañado de un buen *hikite*. En ese momento, habrás dominado una técnica de karate. Eso es excelente. Estamos todos contentos. Ahora casi puedo oírte decir: "Bueno, entonces, ¿cuál es el problema?".

En este capítulo, no estoy discutiendo la importancia del *hikite*. También estoy de acuerdo en que se les enseñe y se les enfatice a todos los estudiantes de *kyu*. A lo que me opongo es que este concepto tan arraigado se extienda por todo el grupo de *yudansha*. Con la creciente popularidad del *kumite* competitivo, donde un *hikite* visible es casi obligatorio para ganar un punto, nadie cuestiona esto. Se ha convertido ahora en un mito popular y no cuestionado.

Empecé a preguntarme sobre esto cuando llegué a la cinta café, ya que fui expuesto a los *morote waza* (諸手技, 'técnicas de dos manos'), como el *yama zuki* (山突き) de Bassai Dai y el *morote zuki* (諸手突き) de Tekki. Sin embargo, no se lo pregunté a mi *sensei*, ya que sólo tenía dieciséis años en aquel entonces. Además, en las competencias, nunca habíamos utilizado, o visto siquiera, aquellas técnicas (en los setenta y ochenta). Las técnicas de mano que ganaban puntos casi siempre eran *jodan oi zuki* (上段追い突き) o *chudan gyaku zuki* (中段逆突き) con un buen —o incluso exagerado— *hikite*. Así que no fue un gran problema para mí durante mis días de competencia.

Sentía que le faltaba algo al *shiai kumite* (試合組手, 'combate competitivo'), así que me retiré a los treinta y cinco años. Pronto me volví muy serio en cuanto a las técnicas de artes marciales. No se ven la mayoría de las técnicas *verdaderas* en el ambiente controlado del *shiai*. Para ser claro, no estoy criticando las peleas competitivas. Tienen su lugar y sus méritos, pero son un mundo diferente al de las artes marciales.

En una situación de defensa personal, puede que no tengas las dos manos libres o el espacio necesario para una postura larga o un cambio de posición. Además, puede que haya varios atacantes. En esas situaciones, necesitas iniciar el primer golpe o ejecutar técnicas simultáneas (de defensa y contraataque). Ésas son las técnicas que se muestran en los *kata*, y todos sabemos que los *kata* fueron creados a base de las experiencias de combate real que tuvieron los maestros del pasado. También, en las situaciones de defensa personal, el uso de movimientos amplios en los que los dos brazos se mueven en sentido contrario no es una buena idea, al igual que las posturas largas y los *kamae* (構え) que vemos en los torneos también son indeseables. El realizar movimientos imperceptibles es indispensable en una pelea de verdad.

Al tratar de alcanzar un nivel de técnica superior, me di cuenta de que se requiere un control más fino de las extremidades para lograr esto. Esto es un concepto del *kattai* (割体), que significa 'partes del cuerpo divididas' o 'partes del cuerpo segmentadas'. Este concepto es muy importante y necesario para lograr un alto nivel de técnica. Se puede entender, tal vez, en una analogía de música hermosa así como la toca una orquesta. Aunque muchos diferentes instrumentos musicales tocan sus propias partes y sonidos diferentes, estos instrumentos están tocando la misma sinfonía en conjunto. Para producir una técnica de alto nivel, se debe utilizar el cuerpo como una orquesta.

Pero dirás: "Oye, sólo tengo cuatro instrumentos: dos brazos y dos piernas. ¿Cómo puedo tener una orquesta?". Subestimas completamente lo que tienes. Los instrumentos que tienes son todos los músculos (más de 650 en el cuerpo), articulaciones (codos, muñecas, tobillos, rodillas, etc.) y huesos (206 en total). Tienes casi novecientas piezas de "instrumentos", y la mayoría de ellos son móviles (con la posible excepción de los huesos de la cabeza), por lo que puedes ver que el cuerpo es una gran orquesta. Un ejemplo más sencillo se puede encontrar en otros deportes, tales como el béisbol, el fútbol americano, el básquetbol, etc. En la foto que aparece a la derecha, el lanzador debe realizar la acción o técnica final (en este caso, el lanzar una pelota de béisbol) dividiendo los lados izquierdo y derecho del cuerpo para realizar dos movimientos diferentes.

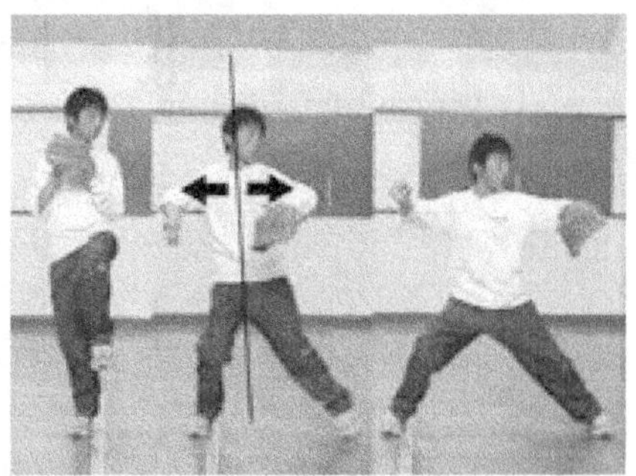

Un buen ejemplo de un golpe sin *hikite* es el golpe de una pulgada. Mucha gente puede llegar a creer que el golpe de una pulgada es una habilidad de nivel superalto, pero la mayoría de los practicantes de *nidan* o superiores pueden dominar esta técnica si se les enseña. Pero, desafortunadamente, muchos instructores no la saben hacer. De hecho, si has aprendido a transferir la fuerza a través de la coordinación fina de los músculos y las articulaciones, puedes golpear desde un punto en que el puño ya esté tocando el blanco (es decir, un golpe de cero pulgadas o un golpe de contacto). Me harían falta muchas páginas para explicar completamente el mecanismo del golpe de una pulgada y su técnica, así que, en este capítulo, sólo daré un resumen para poder explicar la idea básica.

Para ejecutar un golpe de una pulgada (o de cero pulgadas) con fuerza definitiva, hay que saber cambiar rápidamente el centro de gravedad del pie de atrás al pie de adelante (es decir, el lado que da el golpe). Esto requiere movimientos finos de los músculos y articulaciones no sólo de las piernas, sino también de las caderas, de la columna vertebral y de unas porciones de los grupos musculares de la parte superior del cuerpo.

El brazo que da el golpe está casi completamente extendido, así que casi no habrá movimiento del brazo (incluido el de la muñeca y del codo). De hecho, el brazo y la muñeca sólo son la herramienta de transmisión de energía (como una lanza). Habrá una coordinación muy fina y bien orquestada de la columna vertebral, de las articulaciones de los hombros y de los grupos musculares que las rodean para producir el golpe.

Con un ligero movimiento de las caderas y un pequeño punto de contacto (uno o dos nudillos del puño que da el golpe), se puede generar una gran cantidad de energía y producir un impacto significativo en el blanco. De hecho, las regiones del brazo y del hombro del lado que no ejecuta el golpe deben estar completamente relajadas para generar la fuerza del lado que da el golpe porque esto requiere una coordinación tan fina que es mejor utilizar sólo el grupo de músculos que se necesita para ejecutar el golpe. No habrá rotación de la parte superior del cuerpo para producir la fuerza. Además, no hay tiempo para el movimiento *hikite* en un golpe de una pulgada, y, lo que es más importante, el movimiento *hikite* es contraproducente para este golpe.

En los *morote waza*, obviamente no puede haber *hikite*. Vemos muchos *morote waza* en los *kata*, lo cual nos indica que los maestros del pasado no creían que fuera obligatorio el *hikite* para realizar una técnica eficaz. Esto se puede aplicar no tan sólo a las técnicas de golpe, sino también a las técnicas de bloqueo. Si tienes la intención de inhabilitar el brazo del atacante con un bloqueo muy fuerte, puedes agregar un *hikite*. Sin embargo, también debes ser capaz de realizar bloqueos eficaces sin depender del *hikite* o de la palanca que brinda la mano que jala. Al bloquear con una mano, es muy eficaz utilizar la otra mano para ejecutar un contraataque simultáneo.

Otro punto importante es que no hay ninguna ventaja al sostener la muñeca cerca de la cadera. Ese tipo de *hikite* se llama *shinite* (死に手, literalmente, 'mano muerta'), lo que significa que es una cáscara vacía. La mano debe estar más cerca de la cara para proteger la cara y la cabeza. Al mismo tiempo, la mano está más cerca del blanco y en posición para dar un golpe.

Puede que te sorprenda saber que se puede ejecutar un golpe más rápidamente con el brazo relajado y colgado directamente hacia abajo que con el brazo colocado en la cadera. El sostener el puño en la cadera hace que algunos músculos de la parte superior del brazo y de la región del hombro se pongan tensos, lo cual hace que el golpe sea más lento. Una mano colgada puede ser azotada muy rápidamente y puede transferir mucha energía si se utiliza una técnica de golpe de una pulgada en el momento del impacto.

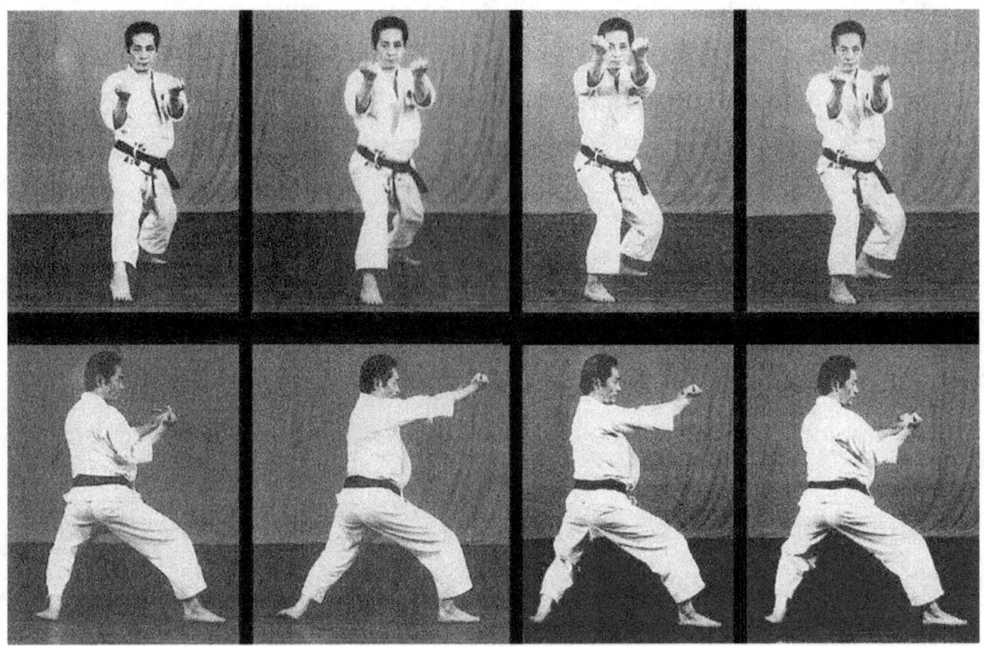

Entonces, espero que estés de acuerdo en que la creencia que el *hikite* es necesario para producir un golpe, bloqueo u otra técnica fuerte es un mito. También espero que todos los instructores y todos los *yudansha* de alto rango se estén entrenando de una manera que mejore su control de los diversos músculos del cuerpo (*kattai*) para que se haga posible el movimiento independiente de las extremidades individuales. Por favor, recuerda que el cuerpo debe convertirse en una orquesta para alcanzar un alto nivel de habilidad en el karate. Al poder coordinar y mover hábilmente las diferentes partes (instrumentos) del cuerpo, nuestros movimientos se convierten en una forma de arte, al igual que una orquesta puede producir una hermosa pieza musical.

Finalmente, quiero agregar que el karate original, tal vez en las enseñanzas de Funakoshi Sensei, enfatizaba el *hikite* por razones que eran diferentes y, en realidad, basadas más en las artes marciales. En Okinawa, hay un dicho: "Haz que el atacante sea una estatua antes de dar un golpe". Lo que significa esto es que primero debes desequilibrar al atacante para obtener el máximo efecto de tu técnica de ataque. Hay tres maneras básicas de lograr este efecto:

1. Desequilibrar al atacante.
2. Atacar los ojos o la región de los ojos para ocasionar la ceguera temporal.
3. Esperar hasta el momento exacto en que el atacante empiece a inhalar.

Podría tratar profundamente los tres puntos, pero, para este capítulo, sólo explicaré el primero. Obviamente, si el atacante está desequilibrado, no podrá ni atacar ni defenderse adecuadamente. ¿Cómo se hace esto? Puedes empujarlo o tirarlo con un barrido. Otro método común es el de jalar al atacante hacia uno mismo. Entonces, la antigua enseñanza era la de agarrarle la muñeca, la manga, la ropa, etc., al atacante y jalarlo hacia uno mismo en lo que se ejecutaba el golpe. Lamentablemente, este concepto desapareció de las enseñanzas, quedando en el olvido, y sólo quedó la palabra *hikite*. Entonces, algunos instructores sin conocimiento empezaron a afirmar que el *hikite* era necesario para producir un golpe más rápido y más fuerte. Por supuesto, muchos estudiantes les creyeron, por lo que este concepto erróneo pasó a formar parte del currículo de enseñanza. ¡Qué desafortunado que se haya perdido la enseñanza original!

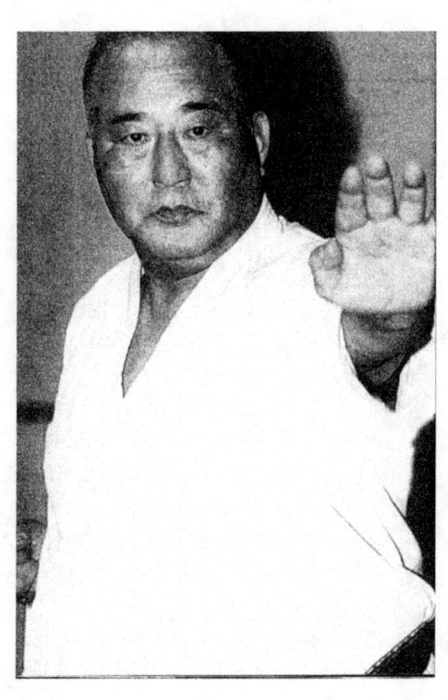

Capítulo tres
第三章

Retroceso del mae geri
前蹴りのスナップバック

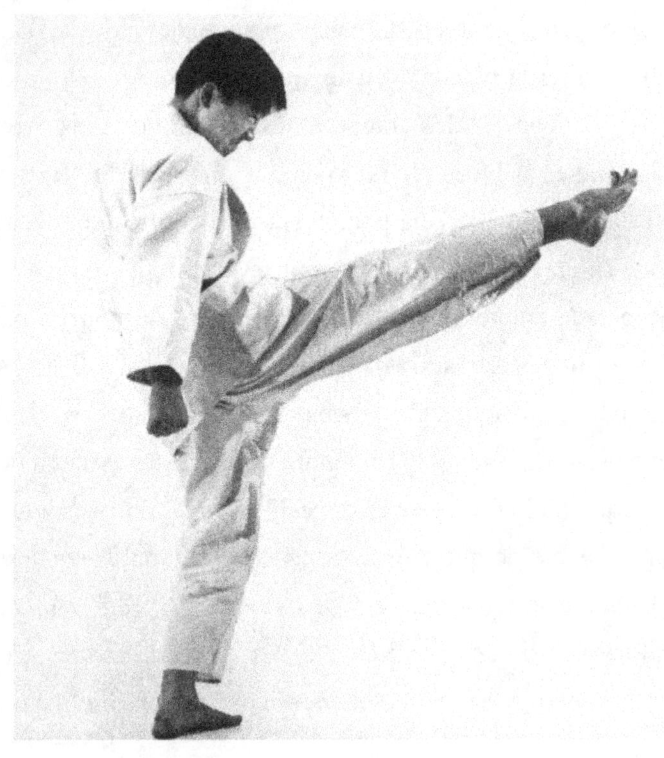

Durante tu entrenamiento en el pasado, al ejecutar *mae geri* (前蹴り), ¿alguna vez llegaste a escuchar a un instructor gritar: "¡Jala más el pie!" o "¡Jala el pie más rápidamente!"? ¿También recuerdas que su grito enfatizaba el aspecto de *jalar*? Sí, estoy seguro de que has tenido esa experiencia, y lo más seguro es que hayas escuchado esas frases varias veces.

Así que veamos cómo funciona este retroceso. Fíjate en la siguiente fórmula:

$$F = ma$$

F (la fuerza o la cantidad de energía de impacto) es igual a m (la masa o el peso) por a (la aceleración). Esta sencilla ecuación física demuestra la importancia del retroceso. Puesto que la masa es constante —el pie no cambiará de peso, ya sea que se desplace hacia adelante o hacia atrás— el retroceso del *mae geri* potencialmente podría duplicar la aceleración, aumentando así la energía de impacto. Así que es fácil ver que el factor influyente es a, o sea, la aceleración del pie.

Por lo tanto, se deduce que mientras más rápida sea la velocidad del retroceso, mayor será el impacto de la patada. ¿Tiene sentido esto? Así que la orden de tu *sensei* fue correcta y le debes dar las gracias a tu *sensei* por esta instrucción. Ahora preguntarás: "¿Por qué estás haciendo tanto drama, entonces?". Mi respuesta consiste en hacerte esta pregunta: "¿Una patada sin retroceso es una patada mal hecha?". Si dices que sí, entonces necesitas seguir leyendo.

¿Hay alguna patada sin retroceso que se considere una buena patada? Claro que sí. ¿Acaso no has practicado *yoko geri kekomi* (横蹴り蹴込み) miles de veces? Dirás: "Sí, pero realizamos el retroceso después del *kekomi* también". A lo mejor tú crees que eso es lo que estás haciendo, pero si estás ejecutando el *kekomi* correctamente, aunque no lo creas, *no* estás realizando un retroceso del pie.

Necesitas darte cuenta de que el movimiento del pie del *kekomi*, en realidad, es una retirada, la cual es diferente al retroceso del *keage* (蹴上げ). Una vez más, si estás ejecutando el *kekomi* correctamente, el pie que da la patada se detendrá en el momento en que la pierna esté completamente extendida. Si no, entonces es un *keage*. Por lo tanto, aunque realices rápidamente la retirada (no el retroceso) de la parte inferior de la pierna justo después de que se detenga el pie, no aumentará la aceleración del pie con respecto a la patada.

Pero a lo mejor estás pensando: "Está bien, puede que sea cierto eso, pero mi *kekomi* puede hacer un gran impacto, quizás más que mi *keage*". Tu observación sería correcta, y es precisamente por eso que he escrito este capítulo. Debes ser consciente de que la energía que recibe el contrincante de un *kekomi* proviene no sólo del impacto, sino de la fuerza bruta. He aquí la fórmula:

$$FB = mat$$

FB (la fuerza bruta o fuerza acumulada que uno recibe de una patada) es el resultado de multiplicar *F* (aquí representada por *ma*, lo cual es la masa por la aceleración) y *t* (el tiempo que dura la patada y el empuje). Con el *keage*, el tiempo de impacto es mínimo, por lo que es preferible aumentar la aceleración del retroceso para generar un mayor impacto. Con el *kekomi*, por otro lado, no tienes el retroceso (mayor aceleración), pero puedes extender el tiempo de la patada, utilizando el empuje (principalmente con un movimiento horizontal de la región de las caderas) para aumentar la fuerza bruta.

Veamos cómo funciona. Si se supone que el tiempo de impacto del *keage* es de 0.1 segundos, y se supone que el tiempo de impacto del *kekomi* es de 0.4 segundos (cuatro veces más) pero con una aceleración de sólo la mitad de la del *keage*, esto producirá una fuerza bruta en el *kekomi* que es dos veces mayor que la del *keage*. Esto demuestra matemáticamente por qué el *kekomi* es más fuerte y destructivo.

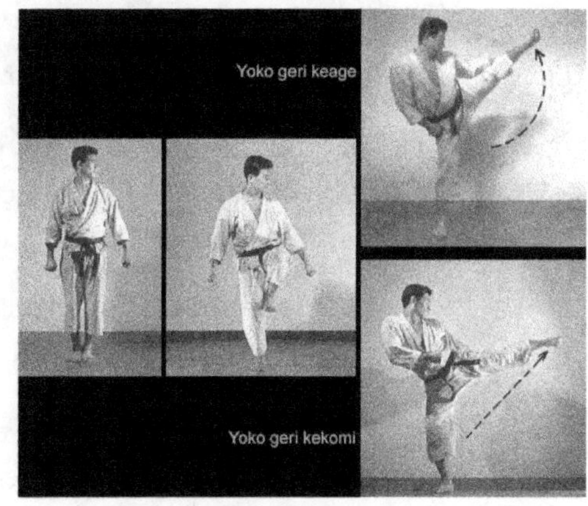

Bueno, si ése es el caso, entonces, ¿el *kekomi* es mejor que el *keage*? Como todos sabemos, no podemos comparar la importancia de estas patadas, ni la de ninguna otra técnica, si vamos al caso. El carácter, o el papel, del *keage* es diferente al del *kekomi* —estoy seguro de que no hace falta explicar este punto— por lo que se utilizan de manera diferente y son técnicas de karate igualmente importantes.

Entonces, el escándalo que estoy armando se trata del *kekomi*. Conocemos muy bien estas dos patadas distintas: *yoko geri keage* y *yoko geri kekomi*. Pero piensa un momento. ¿Acaso vemos *mae geri kekomi* (前蹴り蹴込み) o *mawashi geri kekomi* (回し蹴り蹴込み) incorporados a nuestro entrenamiento regular? ¿No? ¿No se te hace un poco raro que sea así? Si puedes decir: “Mi *sensei* incluye esas patadas en nuestro régimen de entrenamiento regular”, entonces tienes mucha suerte. Pero en docenas de *dojo* que he visitado u observado —aunque ese número es limitado y no es para nada exhaustivo— no llegué a ver estas patadas en su entrenamiento de *kihon* (基本).

Te preguntarás si estas patadas son realmente tan impopulares. Permíteme demostrar que realmente no son ni populares ni comunes. Karate Coaching (www.karatecoaching.com) es una fuente popular y respetada en la instrucción del karate por Internet. En su página “Keri Waza” (www.karatecoaching.com/kihon-keri-waza), tienen una lista de técnicas de patadas, la cual incluye *yoko geri keage* y *yoko geri kekomi*, pero sólo vemos *mae geri* y *mawashi geri*. No vemos ninguna otra técnica *kekomi* en la lista de técnicas de patadas. Cientos, si no miles, de practicantes del karate han de haber visto este sitio, pero, por lo visto, nadie ha sugerido la inclusión de *mae geri kekomi* o *mawashi geri kekomi*. ¡Increíble! Esto significa que esas dos patadas no se han considerado suficientemente estandarizadas como para ser mencionadas allí.

Por supuesto, hay otras patadas, como *ura mawashi geri* (裏回し蹴り), *gyaku mawashi geri* (逆回し蹴り), *kakato otoshi geri* (踵落とし蹴り), *kaiten geri* (回転蹴り), etc., que no figuran allí, pero esas patadas se pueden clasificar como no estándar. Entonces, ¿por qué ignorar *mae geri kekomi* y *mawashi geri kekomi*? *Mae geri kekomi* no ha de ser no estándar si lo encontramos en Unsu (雲手). ¿Acaso no es éste un *kata* avanzado para *kuro obi* (黒帯, ‘cinta negra’)? Hay algo muy extraño en esta brecha, y es un misterio que estas patadas se ignoren.

Por cierto, a lo mejor ya lo sabes, pero *mawashi geri* es una técnica de patada que fue agregada después de que el karate fue introducido en las islas principales de Japón desde Okinawa hace un poco menos de cien años, así que no se practicaba públicamente en la antigua Okinawa. Por lo tanto, es natural que no veamos esta patada en los *kata*.

Pero ¿conoces este otro hecho interesante? *Mikazuki geri* (三日月蹴り), definitivamente un *kekomi geri*, está incorporado a muchos *kata*, como Heian Godan y Bassai Dai. No voy a citar *Wikipedia*, ya que la información que se encuentra allí no es del todo confiable o correcta. Sin embargo, es cierto que es un sitio muy popular para buscar información rápidamente; por lo tanto, supuse que allí habría información respecto al karate también. Revisé la sección de "Foot Techniques" ('Técnicas de pie') del artículo "Karate Techniques" ('Técnicas de karate') de *Wikipedia* en inglés, pero, curiosamente, no lo encontré en esta lista. ¿No estás de acuerdo en que es rara la vez que se practique esta patada en el entrenamiento de *kihon* o que se utilice en la práctica del *kumite*? Por lo tanto, concluyo que *mikazuki geri* es otra técnica de patada que no se practica en el entrenamiento regular de los *dojo*. Con razón la gente ni respeta ni recuerda bien esta patada.

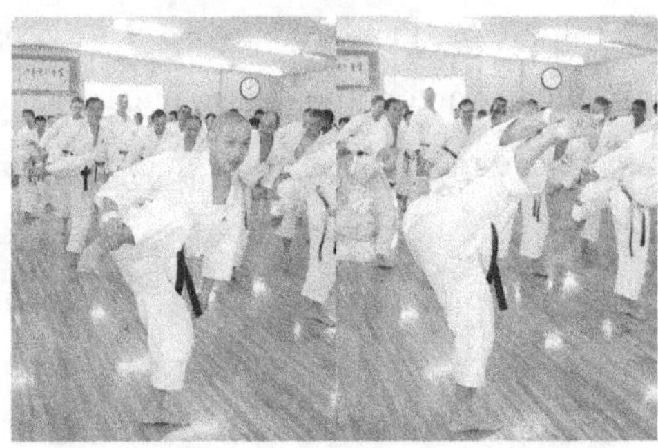

He aquí otra pregunta muy interesante: ¿los antiguos maestros de Okinawa alguna vez llegaron a practicar *mawashi geri*? Estoy seguro que sí, ya que *mawashi geri* es una técnica de patada muy rápida y útil. Sin embargo, no dieron a conocer esta técnica, la cual era secreta en aquella época, ya que esto revelaría su debilidad. Entonces, para los *kata*, incorporaron *mikazuki geri* en lugar de *mawashi geri*, ya que éste expone mucho el área de la ingle.

Entonces, el lector preguntará: "Pero ¿no que *yoko geri* también expone el área de la ingle?". Tendrías razón en tu observación, y es por eso que los antiguos *kata* de Okinawa no tenían *yoko geri*. De hecho, los *yoko geri* de Heian Nidan y Heian Yondan eran *mae geri* cuando los *kata* Heian fueron creados a finales del siglo XIX por Anko Itosu (糸洲安恒, 1831–1915), uno de los instructores de Funakoshi. Fíjate en los *kata* Heian (o Pin'an) del Shito Ryu y de las diferentes escuelas del Shorin Ryu de Okinawa. Sus patadas siguen siendo *mae geri* y no *yoko geri*.

Ahora, volvamos a lo de *mae geri* y *mawashi geri*. Quisiera tocar el tema muy importante de por qué se ha olvidado a *mae geri kekomi* y a *mawashi geri kekomi*. La respuesta es que la popularidad del *kumite* de los torneos ha ocasionado el abandono de estas patadas. Entonces, ¿cómo fue que el *kumite* de los torneos llegó a tener tanta influencia sobre las técnicas de patadas? Es un tema complejo y delicado, pero haré lo mejor que pueda para arrojar algo de luz sobre este tema ignorado.

Hay dos razones obvias, y ambas provienen de cómo son arbitradas nuestras técnicas en el *kumite* de semicontacto. Una es que la eficacia de una patada (*waza ari*) no se juzga por su capacidad de derribar al contrincante, sino por su apariencia —ésta es la palabra clave— ante el árbitro. La otra es que, en general, derribar al contrincante se considerará un *chui* (注意, 'advertencia') o, en caso de que la persona que recibe la técnica quede inconsciente, un *hansoku* (反則, 'falta'). Algunos torneos son más agresivos que otros, y puede que la regla del *hansoku* no se aplique estrictamente en estos torneos, pero es obvio que una patada así definitivamente gana puntos. Para que ganes un punto en el *kumite* de semicontacto, las patadas (e incluso los golpes de puño) no pueden hacer contacto físico.

Así que no puedes clavarle un *mae geri* al abdomen o a la barbilla del contrincante para ganar un punto. Y si mantienes la pierna extendida para realizar un *mae geri kekomi* sin tocar al contrincante, fácilmente te puede agarrar la pierna y tirarte muy rápidamente. Por esta razón (y no porque quieras hacer más impacto), te ves obligado a realizar un retroceso del pie, lo cual significa que la patada tiene que ser *keage*. Aunque parece una tontería, desafortunadamente, es un desarrollo natural e inevitable.

Ahora preguntarás: "Entonces, ¿por qué se practica ampliamente el *yoko kekomi*?". Es una muy buena pregunta. De las tres patadas más populares (*mae geri*,

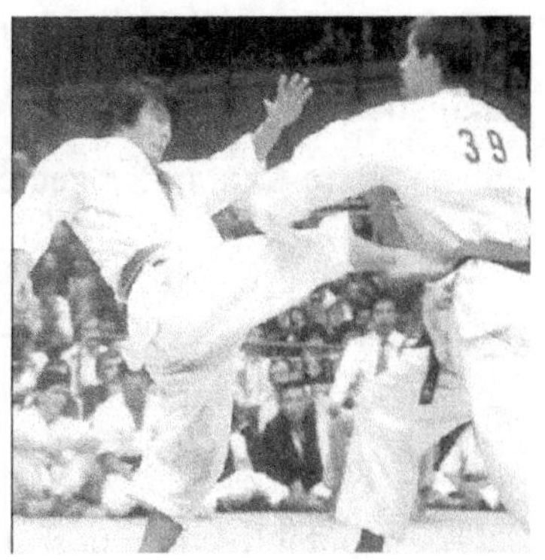

mawashi geri y *yoko geri*), *yoko geri* es la patada más lenta debido a la mecánica del cuerpo involucrada. Puesto que se requiere más tiempo para ejecutarla, la mayoría de los contrincantes eligen no utilizarla en los torneos. He visto a algunos contrincantes usar una postura parecida a la de *kiba dachi* (騎馬立ち) y tratar de realizar una patada lateral al estilo de Bruce Lee. Desafortunadamente, este estilo produce una patada muy notable y realmente no funciona así como parece en las películas de Hong Kong. Por esta razón, no vemos muy seguido el *yoko geri kekomi* o el *yoko geri keage* en los torneos. Esto te puede parecer contradictorio, pero aunque *yoko geri kekomi* no es una patada muy popular en los torneos, no se ha eliminado de nuestro entrenamiento regular. Es increíble, pero es cierto.

Otra razón importante por la cual el *kekomi* no es popular en el *kumite* de los torneos es el riesgo de recibir un *hansoku* si se ejecuta un buen *kekomi*. No hace falta explicar más a fondo las consecuencias de hacer contacto con *chudan* (中段) o, más eficazmente, con *jodan* (上段). Es muy eficaz utilizar *mae geri kekomi* en una situación de *deai* (出合い), pero esa técnica muchas veces se considera un *empujón,* y, por lo tanto, no ganarás un punto. Entonces, los contrincantes utilizan el *keage* (en el sentido más estricto, una técnica incorrecta) incluso en una situación de *deai*. Esta patada no derriba al contrincante, pero la utilizas, ya que así puedes ganar un punto.

Un *mawashi geri kekomi* contra el lado de la cabeza es muy eficaz, pero, una vez más, no hay razón para que el contrincante se arriesgue a intentar con esta patada si puede ganar un punto utilizando el *keage*. En primer lugar, un *mawashi geri kekomi* contra la cabeza es mucho más difícil que un *mawashi geri keage* contra la cabeza con respecto a la técnica, así que ¿para qué correr el riesgo de no ganar el punto? Pero aún más peligroso es el riesgo de hacer contacto físico. En este caso, seguramente derribarás al contrincante y perderás la pelea por *hansoku*. (Dicho sea de paso, en términos lingüísticos, *keage* es una palabra equivocada, ya que se refiere al acto de dar la patada hacia arriba, pero aquí ignoraremos este detalle lingüístico.)

Es interesante notar que en los torneos de contacto completo, se utiliza el *mawashi geri kekomi* con mucha frecuencia, en realidad más que *mae geri kekomi*, pero no es porque éste sea menos eficaz. Explicaré a continuación.

Los contrincantes de contacto completo ejecutan *mawashi geri kekomi* contra *jodan* o *gedan*. La razón por la cual apuntan a *jodan* es obvia, pero los practicantes del semicontacto como nosotros debemos saber por qué *mawashi geri kekomi* contra *gedan* (下段) también es popular en los torneos de contacto completo. Para derribar a alguien con una patada —así es como ganas un punto— necesitas meterle la patada con fuerza al lado de la rodilla o del muslo. Una patada con retroceso no lo puede lograr, por lo que se debe utilizar el *kekomi*. La razón por la cual no se utiliza el *mae geri* con mucha frecuencia en las competencias de contacto completo es el *maai* muy cercano. La distancia de combate es mucho menor a la de los estilos de semicontacto, ya que las reglas de sus torneos no permiten los golpes contra *jodan*. De hecho, los contrincantes se acercan tanto que ni siquiera pueden dar un golpe completamente extendido, mucho menos un *mae geri*. Pero si uno es flexible, aún puede realizar un *mawashi geri* a pesar de la corta distancia. Además, aunque el contrincante pudiera hacer contacto con un *mae geri kekomi* contra *chudan*, no podría producir la velocidad y la fuerza suficientes desde una distancia tan corta en comparación con *mawashi geri*, que alcanza una distancia mayor, ya que se ejecuta desde el lado del cuerpo. Por consiguiente, *mae geri* no es una técnica preferida en los torneos de contacto completo.

En conclusión, quiero enfatizar que el *kekomi* es una patada muy eficaz desde la perspectiva de las artes marciales tradicionales y que *mae geri kekomi* y *mawashi geri kekomi* no deben ser excluidos de nuestro entrenamiento regular de *kihon* y *kumite*. Espero que no todos los practicantes diseñen sus entrenamientos para satisfacer sólo las técnicas necesarias para los torneos. Existe una variedad mucho más amplia de verdaderas técnicas de karate. ¿No sería una lástima que permitiéramos que las reglas de los torneos limitaran nuestro entrenamiento e impidiera nuestra meta de dominar estas otras técnicas?

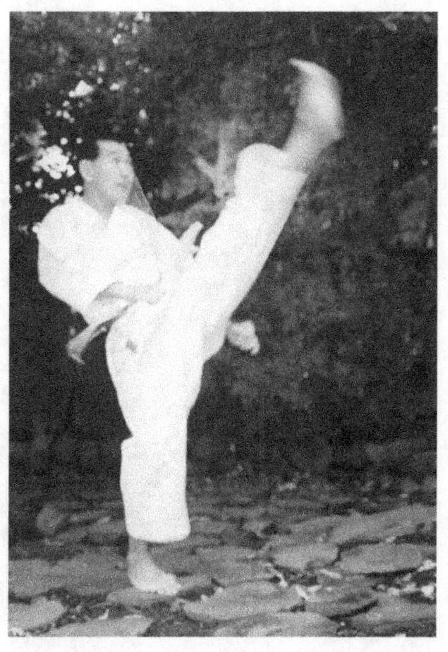

Capítulo cuatro
第四章

Makiwara
巻藁

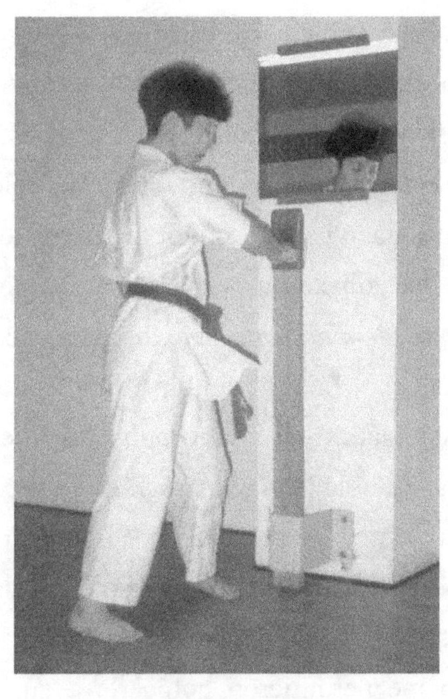

Michiko Onaga
Shijinbunkan Shorin Ryu

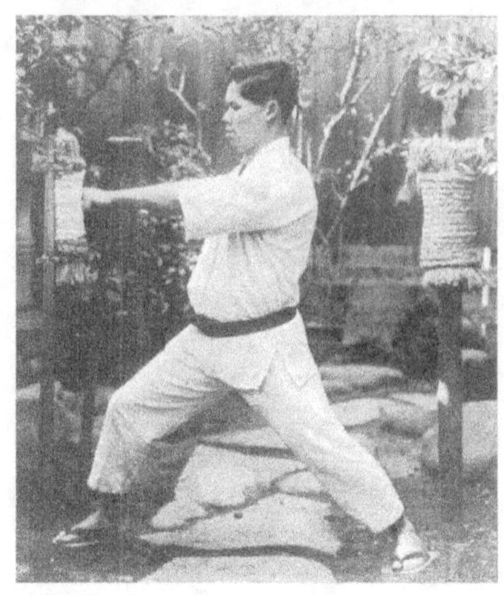

El *makiwara* (巻藁) es una verdadera tradición del karate, y su entrenamiento es indispensable para todos los *karateka*. Ha sido una parte esencial de los *dojo* de karate desde su introducción en las islas principales de Japón a principios del siglo XX. Hemos visto fotos de Funakoshi Sensei con sus *geta* (下駄, 'zuecos de madera') puestos, dándole golpes, o la foto a la izquierda, en la que aparece Yoshitaka Funakoshi (船越義豪, 1906–1945), uno de los hijos del maestro Funakoshi, practicando con el *makiwara*. Incluso he escuchado que algunos *sensei* modernos llevan *makiwara* portátiles en sus maletas cuando viajan. El *makiwara* ha sido una herramienta de entrenamiento importante en mi experiencia con el karate también. Permíteme explicar cómo llegué a conocer este equipo tradicional en mis primeros días de entrenamiento de karate.

En el primer *dojo* al que me uní a principios de los sesenta (Kobe Shotokan Karate Club), recuerdo que había varios postes de *makiwara*. Algunos estaban envueltos con cuerdas de paja y otros con cojines más blandos. También recuerdo que estos cojines ya no eran blancos o ya no tenían sus colores originales, los que hubieran sido. Los cojines que vi eran de color negro rojizo, llenos de sangre seca. Era obvio que mi *senpai* les golpeaba a estos cojines una y otra vez, incluso cuando le sangraban los puños. Mi *senpai*, Kato San, dijo una vez: "Mira, mi puño es tan fuerte que puedo golpear así". Le dio un golpe directo a una viga de madera del *dojo* que medía cuatro pulgadas por cuatro pulgadas (diez centímetros por diez centímetros). ¡Zas! ¡Zas! Tembló la viga, pero él no sintió dolor (o al menos no se le notó). ¡Guau! Me quedé muy impresionado. Si pudiera darle a una viga así, a mí me podría matar fácilmente. Honestamente, eso de verdad me hizo temer a este *senpai*, y se ganó mi respeto incondicional.

Así que en cuanto me permitieron golpearle a un *makiwara*, comencé la tradición con todas mis fuerzas. Mi *dohai* (同輩, 'compañero') Nakai (中居) y yo le golpeábamos al *makiwara* cientos de veces todos los días. Después de un año, a Nakai se le habían formado unos callos muy respetables, pero a mí no. Estaba frustrado y pensaba que no golpeaba con suficientes fuerzas. No importaba lo fuerte que le diera al *makiwara*, los callos de mis puños no crecían. (Después me di cuenta de que esto se debía a las características muy elásticas y blandas de mi piel, las cuales son, en realidad, muy buenas porque también me permiten ser flexible.)

A pesar de que no me salió ningún callo respetable, seguí con la costumbre del *makiwara* durante más de quince años. Debo reconocer que el sonido resonante que se produce al golpearle a un *makiwara* en un *dojo* era eufórico, sobre todo cuando el ritmo era tan parecido al de los latidos de mi propio corazón.

Me pregunté si el entrenamiento de *makiwara* era una verdadera tradición y si se había transmitido durante muchos siglos. Sabemos que el *makiwara* vino de Okinawa, pero tenemos poca documentación para respaldar su historia.

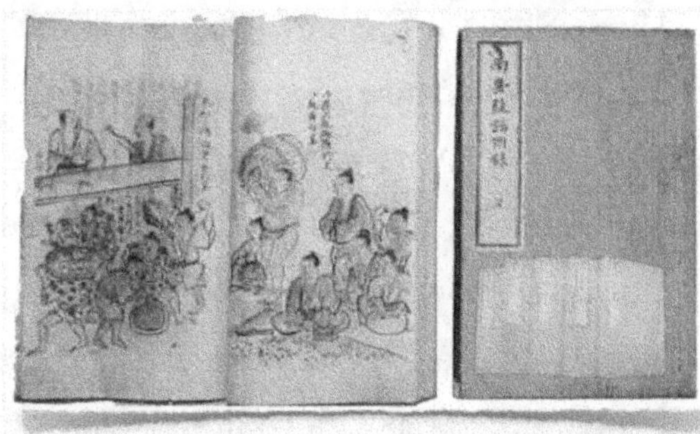

Descubrí un libro, *Nanto Zatsuwa* (南島雑話 [foto arriba]), que consta de cinco documentos escritos por Sagenta Nagoya (名越左源太, 1819–1881), un *samurai* de Satsuma. Nagoya fue exiliado a las islas Amami, que entonces formaban parte de las islas Ryukyu. Durante su estancia, entre 1850 y 1855, documentó su experiencia en este libro, y aquí es donde encontramos dos dibujos titulados "*Kenpojutsu*" (拳法術 [foto a la izquierda]). Como puedes ver en la ilustración superior de la foto, parece que el pueblo de Ryukyu ha utilizado un poste como el *makiwara* desde por lo menos a mediados del siglo XIX. No hay otros documentos sobre el *makiwara* o su origen. Sin embargo, al estudiar la historia de Okinawa, uno puede adivinar de dónde vino.

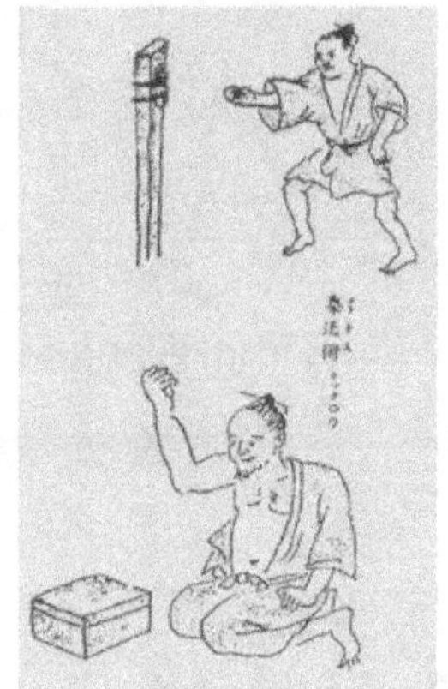

Hasta 1609, Okinawa (沖縄), o el Reino Ryukyu (琉球

王国), era independiente. En abril de aquel año, fue invadido por el clan Shimazu (島津氏) del dominio de Satsuma (薩摩藩) de Kyushu (九州), la isla del extremo sur de Japón. Los Shimazu enviaron a más de 3000 *samurai* completamente armados para la invasión, y, puesto que no se produce mineral de hierro en las islas Ryukyu, lo cual hacía que las espadas fueran casi inexistentes allá, los habitantes de Okinawa no pudieron con ellos.

Aunque eran reconocidas como un reino independiente, las islas se conocían como una provincia de Japón. En 1879, Japón declaró su intención de anexar el Reino Ryukyu, y éste llegó a ser conocido como la prefectura de Okinawa (沖縄県) por el gobierno Meiji (明治).

Una política interesante que introdujeron los Shimazu durante la ocupación fue una prohibición de la posesión de espadas de parte de los isleños. La distancia entre Kyushu y Okinawa era grande (alrededor de 600 millas [1000 kilómetros]) en aquella época; por lo tanto, era difícil administrar la isla desde lejos. Los habitantes de Okinawa probablemente demostraron un espíritu guerrero en la época de la invasión, por lo que los Shimazu necesitaban asegurarse de que el pueblo de Ryukyu no se rebelara (o al menos se desalentara de esta idea). Muchos historiadores creen que esta política contra las espadas llevó al desarrollo adicional del arte marcial indígena llamado *te* (手), que también se puede leer como *ti* (ティ). Muchos practicantes del Shuri Te (首里手) de Okinawa creen que existía el *te* desde antes del siglo XVII pero que se volvió más mortífero y más secreto después de la ocupación de los Shimazu.

Otra cosa interesante que debemos tomar en cuenta es el estilo único de *kenjutsu* (剣術) de los Shimazu que se llama *Jigen Ryu* (示現流). Jigen Ryu es un estilo muy singular, ya que se conoce por su énfasis en el primer golpe. Además, las enseñanzas del Jigen Ryu afirman que no se debe ni considerar dar un segundo golpe. Ahora, ¿esta enseñanza no se te hace parecida a la idea de nuestro *ikken hissatsu* (一拳必殺)? Interesante, ¿no?

Pero ahí no termina lo interesante. Una técnica básica, llamada *tonbo no kamae* (蜻蛉の構え, 'postura de libélula'), consiste en sostener la espada sobre el

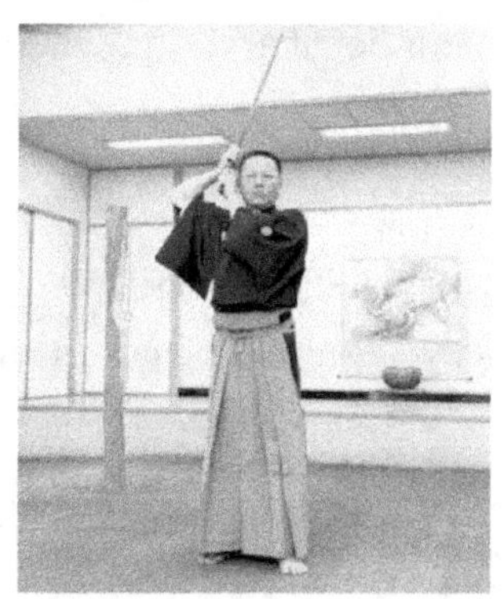

hombro derecho. Entonces, el ataque se ejecuta corriendo hacia el adversario y luego cortándole diagonalmente por el cuello con un fuerte *kiai*: "¡Ei!". ¿Cómo ves? ¿No se parece a nuestra forma de atacar *jodan* en nuestro *jiyu ippon kumite* (自由一本組手)?

Lo que es aún más increíble es que la práctica principal del Jigen Ryu consiste en utilizar un *bokken* (木剣, 'espada de madera') para darle a un poste de madera que se sostiene horizontalmente. Con todas estas similitudes entre el *te* y el Jigen Ryu, concluyo que la idea del *makiwara* provino del Jigen Ryu.

Lo más seguro es que muchos maestros hayan tratado de aprender el *kenjutsu* de los *samurai* Shimazu. Un hecho documentado es que Sokon Matsumura (松村宗棍, 1809–1899) estudió y se hizo experto en el *kenjutsu* Jigen Ryu.

Supongo que la invención del *makiwara* ocurrió en algún momento a finales del siglo XVII o principios del siglo XVIII. Esto lo digo porque, en las primeras etapas de la ocupación, lo más seguro es que los *samurai* Shimazu hayan sido cautelosos respecto a una posible rebelión de parte del pueblo de Ryukyu. Por lo tanto, lo más probable es que no les hayan permitido practicar nada de *kenjutsu*, y no practicaban el *te* en público.

Pero después del transcurso de, digamos, cien años, si los Shimazu se dieran cuenta de que el pueblo de Ryukyu era leal y pacífico, fácilmente podemos adivinar que la prohibición de las espadas y la restricción de las artes marciales se volverían laxas. Obviamente, durante el período en el que Nagoya, *samurai* de Satsuma, visitó Ryukyu, encontró a la gente local practicando el *te* con el *makiwara* en público.

Es interesante aprender la perspectiva histórica, pero personalmente he llegado a la conclusión de que el golpearle a un *makiwara* no sólo es innecesario, sino que también es contraproducente con respecto a mis habilidades de combate. En otras palabras, no hace falta que nosotros los *yudansha* tengamos callos en los puños para derribar a alguien, lo cual ha sido comprobado por varios experimentos y experiencias de *kumite*. En realidad, no se requiere mucha fuerza o velocidad para derribar a alguien si se ejecuta el golpe en el lugar correcto en el momento adecuado. He visto a un contrincante de cinta negra derribado por un ligero golpe contra la sien con un *uraken uchi* (裏拳打ち, 'golpe de puño invertido') en una competencia de *kumite*. El tipo no esperaba un golpe así, así que simplemente se cayó como una marioneta a la que de repente le cortaron las cuerdas.

Realmente debemos entender un hecho importante aquí. Las características del cuerpo humano son totalmente diferentes a las de los postes de madera (*makiwara*) y de los sacos de boxeo. A lo mejor el lector se acuerda de una escena de una de las películas antiguas de *Rocky* en la que Rocky entró a un congelador grande y se puso a golpearle a un pedazo grande de carne colgada de un gancho. Aunque se caracterizaba por ser un boxeador tonto o no muy preparado, Rocky tenía la idea correcta. En comparación con los golpes que se le dan a un poste de madera, el golpearle a un pedazo grande de carne de res se parece mucho más a lo que se siente al golpearle al cuerpo de un hombre.

¿Qué hay de los demás métodos de combate, como el boxeo occidental, el *kickboxing* y el *kung fu*? ¿Estos practicantes utilizan el *makiwara*? Que yo sepa, ninguno lo utiliza. Puede que algunos practicantes del *taekwondo* hayan adoptado este método de entrenamiento en Corea debido a la fuerte influencia del karate japonés, pero eso sería más bien una excepción. Hay que preguntarnos por qué la mayoría de los artistas marciales no adoptan el entrenamiento de *makiwara*.

Concluí que los boxeadores profesionales y otros artistas marciales no han de considerar que el *makiwara* sea una herramienta de entrenamiento necesaria. Es cierto que los boxeadores usan guantes de boxeo, por lo que tienen menos razones para endurecerse los nudillos. Por otro lado, practican con diferentes tipos de sacos de boxeo. Definitivamente creen que necesitan golpearles a blancos móviles, y estoy de acuerdo con ellos.

En algunos estilos del *kung fu*, como el Wing Chun (詠春), son muy populares los muñecos de madera (foto a continuación). A los muñecos les salen muchos palos (piernas y brazos simulados), y uno los utiliza para practicar los bloqueos, sobre todo los que emplean movimientos de torsión de la muñeca y del codo. El

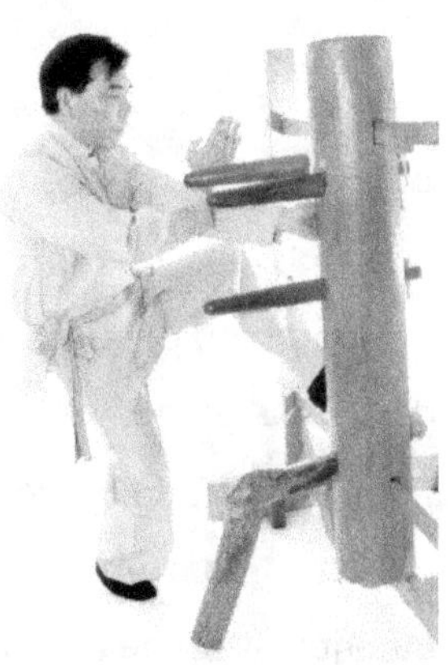

Wing Chun bloquea a corta distancia —los brazos están conectados a los del atacante— y frecuentemente emplea movimientos de torsión para bloquear o desviar los golpes. Estos movimientos de bloqueo son muy diferentes a los del Shotokan, los cuales se realizan a distancias más largas y con impactos más fuertes. El propósito principal de este muñeco de madera es el de aprender a manejar los brazos y las piernas del atacante, aunque también se puede utilizar para dar golpes de puño. Los practicantes del *kung fu* tampoco han de ver ningún valor en el entrenamiento de *makiwara*.

¿Por qué, entonces, sólo los *karateka* insistirían en golpearle al *makiwara*? Uno de los factores clave es el estilo de semicontacto. En el *kyudo* (弓道, 'tiro con arco [japonés]'), donde el arquero le lanza una flecha a un blanco circular inmóvil (*mato* [的]), es obvio que el arquero no puede lanzarle una flecha a una persona de verdad. Existe la misma idea en el karate, ya que es un arte marcial de semicontacto.

Debo mencionar un punto interesante respecto al *kyudo*. Las competencias de *kyudo* todavía se llevan a cabo, pero los practicantes ya no compiten por la precisión de tiro, como se observa en el tiro con arco occidental. La competencia se trata de la precisión del arquero en cuanto a sus posturas y movimientos corporales de acuerdo con los modos predeterminados. Este concepto es muy parecido al del *sado* (茶道, 'ceremonia del té [japonés]'). Entonces, el *kyudo* realmente ha perdido el aspecto del *bujutsu* y ha mantenido sólo el aspecto mental o espiritual (enfoque, concentración, mente vacía, etc.) del arte. He notado en recientes competencias de *kata* que se está poniendo más énfasis en las apariencias atractivas que en la eficacia de las técnicas. En este aspecto, me temo que las competencias de karate se van por el mismo rumbo que las competencias de *kyudo*.

También hay un factor emocional experimentado por los *karateka* cuando están involucrados en el *kumite*. Debido a la regla de semicontacto, sienten que tienen que darle un golpe o una patada a algo para demostrar que sí pueden dar golpes y patadas. Es por eso que la práctica del *makiwara* puede ser muy popular, ya que esta frustración se puede resolver fácilmente al golpearle a un *makiwara*. El *karateka* le puede dar muy fuerte para demostrar que sus golpes son potentes y destructivos.

También debo señalar que tener callos grandes se ha convertido en un símbolo de estatus para algunos practicantes, pues significan que uno es un *karateka* serio. Algunos presumen con orgullo sus puños llenos de callos. Yo, en lo personal, no puedo compartir ese sentimiento, ya que es casi como un *yakuza* que presume sus tatuajes. Aunque tengo mis propios callos —de hecho, los míos no son producto de darle golpes al *makiwara*, sino de hacer lagartijas sobre los puños— no se me notan mucho, y procuro no enseñarlos en público, sobre todo cuando estoy en Japón. Si la gente los ve, pronto se dará cuenta de que practico el karate. La práctica del karate es asunto mío, y no quiero que sepan los extraños.

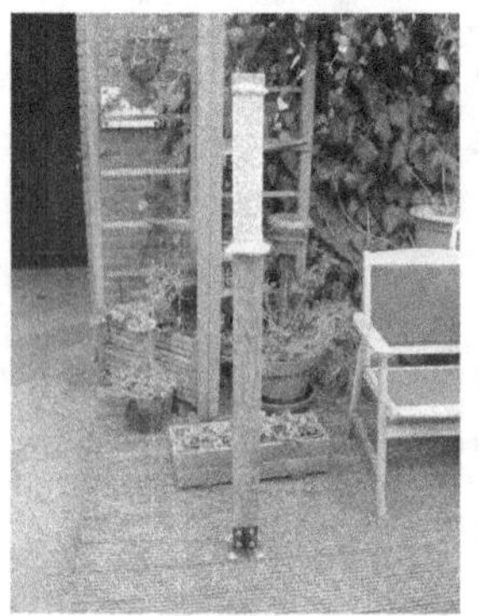

Debemos recordar y reconocer que el atacante, un ser humano, se mueve constantemente de una manera muy compleja. Quizás lo más importante que debe aprender el *karateka* sea un *maai* correcto y preciso, el cual cambia de forma dinámica y continua. En las peleas callejeras, es casi imposible colocarse en un *zenkutsu dachi* fijo y tomarse mucho tiempo para lanzarle un potente *gyaku zuki* al atacante así como uno lo haría en la práctica del *makiwara*. Preguntará el lector: "¿No que el *gyaku zuki* es la técnica más común o más popular para ganar puntos en los torneos?". Es cierto, pero no es porque el *gyaku zuki* sea la técnica más útil y eficaz del karate o porque otras técnicas, como *ippon nukite* (一本貫手) o *shuto uchi* (手刀打ち), sean ineficaces. Es simplemente porque los árbitros no tan fácilmente te conceden un punto por esas otras técnicas.

Entonces, ¿creo que el entrenamiento de *makiwara* es totalmente innecesario? No. Al contrario, creo que la práctica del *makiwara* tiene su lugar, ya que reconozco que este entrenamiento tiene algunos méritos importantes. Para los principiantes, es bueno golpearle a algo sólido, como un *makiwara*, para aprender a alinear el puño, la muñeca, el antebrazo, el codo, la parte superior del brazo y el hombro al momento de realizar un golpe. La alineación correcta del puño y de la muñeca es sumamente importante. Estoy seguro de que muchos practicantes han experimentado (con dolor) que si su alineación no es correcta, se les dobla la muñeca al golpearle al *makiwara*. El golpearle a un *makiwara* también ayuda a endurecer los nudillos, y esto ayudará si uno quiere darle un golpe a algo duro, como una mandíbula o una cabeza. El entrenamiento de *makiwara* definitivamente ayuda a desarrollar la rotación de la cadera y muestra claramente si uno es competente en la generación de fuerza.

Soy consciente de los otros beneficios del entrenamiento de *makiwara*, como un mejor equilibrio, centro de gravedad, etc., y de la variedad de formas en que uno puede darle golpes y patadas al *makiwara*. No estoy rechazando del todo el entrenamiento de *makiwara*. El mensaje que les quiero llevar a los *yudansha* es éste: ya es hora de que superemos esta tradición y avancemos al siguiente nivel de entrenamiento.

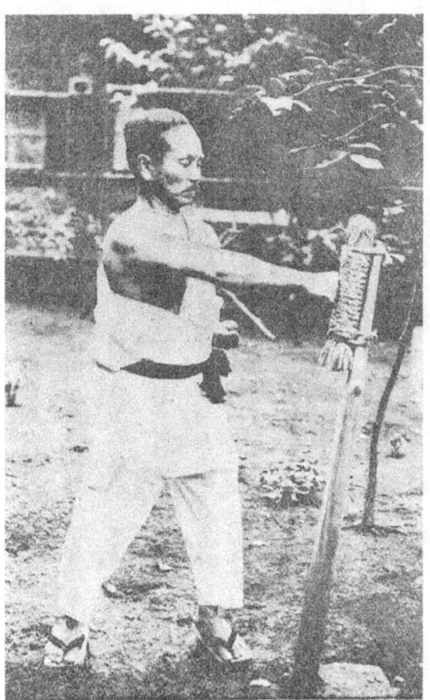

Capítulo cinco
第五章

Kiai silencioso
聴こえない気合とは

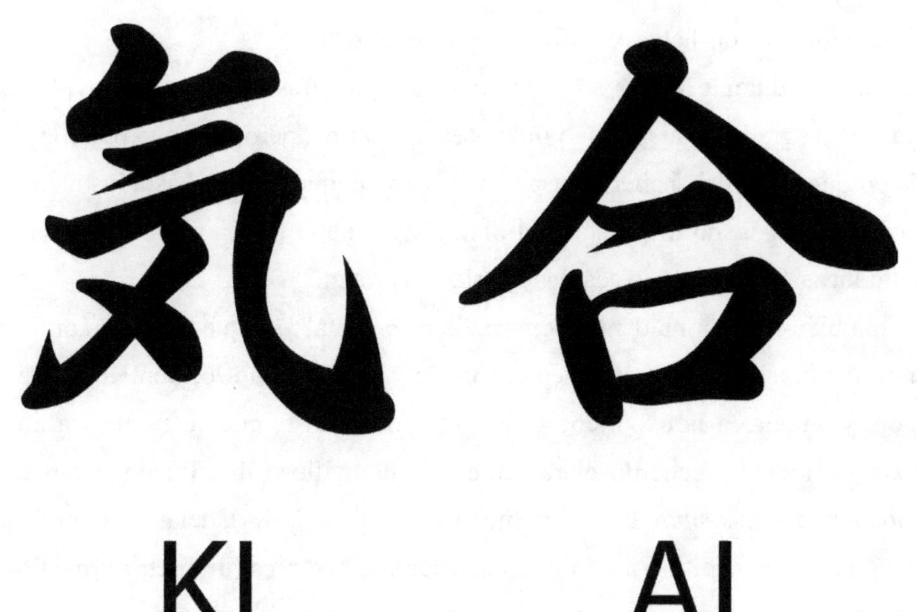

KI AI

Al pensar en el *kiai* (気合), ¿en qué piensas? Si eres una persona mayor como yo, a lo mejor recuerdas ese sonido chistoso que hacía Bruce Lee. Una historia divertida del pasado involucra una loción llamada *Hai Karate*. Si recuerdas esto, entonces has de tener por lo menos cincuenta años. Este producto se anunciaba en la tele en los sesenta y quizás en los setenta. Así decía el anuncio:

> La nueva loción para después del afeitado Hai Karate es tan potente que vuelve locas a las mujeres. Es por eso que tenemos que incluir instrucciones de defensa personal en cada paquete. Hai Karate, la loción que suaviza y calma y refresca. Hai Karate, loción, colonia y juegos de regalo. Hai Karate, ten cuidado al usarlo.

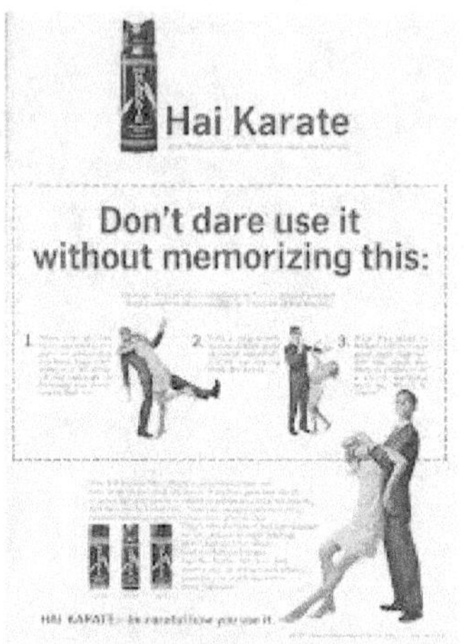

Luego hay un *sketch* en el que sale un tipo que tiene que defenderse de las chicas que intentan agarrarlo después de que se echa esta loción. Algunos de mis amigos han de haber creído que yo necesitaba esto porque, durante varios años, recibía múltiples frascos en cada Navidad. De verdad, les agradecía su genuino interés en ayudarme, pero tuve que botar la mayoría porque no podría haberlos usado todos, ni aunque viviera hasta los cien años de edad. Además, no me gustaba el olor. Sabía que la loción seguramente habría vuelto locas a las chicas, o sea, las habría ahuyentado.

También hay un incidente memorable respecto al *kiai* que quisiera compartir. Empecé a practicar el karate hace cincuenta y siete años (1963) en Kobe (神戸), Japón, y, gracias a la experiencia de mi primera clase, que se encuentra a continuación, todavía recuerdo claramente ese maravilloso día. Puedo imaginarme vívidamente a mi *senpai*, Kato San (no el *sensei* de la IJKA), delante de mí. Como mencioné en un capítulo anterior, apenas tenía cinco pies (un metro y medio) de estatura, pero a los estudiantes nuevos (lo que me incluía a mí, por supuesto) nos pareció una figura imponente cuando se nos acercó lentamente.

Éramos totalmente nuevos, estábamos emocionados, y nos moríamos por aprender esas técnicas mortales. Dijo muy amablemente: "Ustedes, muchachos —ninguna muchacha se atrevía a entrar, ya que se creía que era demasiado agresivo, pero ésa fue exactamente la razón por la cual entré yo— tienen que aprender a decir: '¡*Osu*!'". Como ha de saber el lector, *osu* (オス) es una palabra japonesa muy práctica que se puede usar para comunicar 'sí', 'no', 'quizás', 'intentaré', 'correcto', 'seguro', o lo que sea. Podría significar casi cualquier cosa, y siempre estábamos encantados de usarla para que pareciéramos unos *karateka* machotes. Así que todos dijimos: "¡*Osu*!".

Luego dijo el *senpai*: "¿Qué? ¡No se oye!". Así que lo repetimos con una voz más fuerte, pero aun así no le agradó. Dijo entonces: "Ustedes de plano no tienen espíritu. Hoy van a aprender a hacer un *kiai* y aprenderán a mostrar el espíritu". Soltó un *kiai* fuertísimo que nos atravesó el cuerpo y hasta escalofríos nos dio. Luego sonrió y dijo: "Bueno, muchachos, van a practicar su *kiai* sin parar hasta que yo regrese".

Pensábamos que regresaría en unos cuantos minutos, pero no regresó hasta el final de la clase, dos horas después. Estábamos gritando: "¡*Ya*!" o "¡*Tou*!" o cualquier tipo de *kiai* que nos pareciera genial —todavía no conocíamos a Bruce Lee—. Lo que dijera el *senpai* era la orden —además, nos estaba mirando desde el otro lado del *dojo*— así que ninguno de nosotros lo iba a dejar de hacer. Después de unos treinta minutos, empezamos a toser y a perder la voz. Al final, casi no podíamos hacer ningún ruido. Salimos muy callados del *dojo* aquel día.

A propósito, sólo uno de los estudiantes nuevos regresó después del primer día. Ése era el método que usaba el *senpai* para separar a las personas normales de los locos (yo). No pude hablar durante varios días, pero me presenté para el entrenamiento al día siguiente. Sólo podía susurrar al día siguiente, pero parecía que a mi madre no le molestaba, ya que había silencio en la casa, para variar.

Afortunadamente, el *senpai* ya no me pidió que hiciera más *kiai* el segundo día, pero mi entrenamiento tampoco se puso más fácil. Ahora me mandó quedarme en *kiba dachi* durante dos horas mientras me seguía diciendo: "¡Más abajo!". Sabía que estaba demasiado bajo cuando me fallaban las piernas, me caía y él me decía:

"¡Levántate!". Este ejercicio sencillo pero muy largo siguió así, y estoy seguro de que ya puedes adivinar cómo estuvo el resto de la forma japonesa de entrenar o domar al estudiante nuevo. Todavía no estoy seguro si aquel *senpai* realmente sabía lo que hacía o si simplemente era demasiado flojo como para buscar un método de entrenamiento más sofisticado.

Bueno, ya has escuchado lo suficiente de mis cuentos chistosos sobre el *kiai*. Ahora trataremos cosas más serias. Hay muchos artículos sobre el *kiai*, y la mayoría de los autores han enfatizado la importancia de hacerlo y han explicado cómo se hace. Algunos explican el significado del *kiai*, mientras que otros muestran su relación con la respiración. Si ése es el caso, entonces te preguntarás por qué estoy tratando este tema agotado y sin controversia. Bueno, soy de esas personas a las que no les gusta dar por hecho que las cosas son así. Así que aquí quiero aceptar el reto y preguntar: "¿Realmente es importante el *kiai*, y es necesario en el entrenamiento de karate?".

Dirás: "Has de estar loco para cuestionar estas cosas". A lo mejor tienes razón, y quizás trate este tema con mucha torpeza. Pero creo que es un buen ejercicio investigar en vez de creer algo simplemente porque muchos instructores y "expertos" dicen que así es.

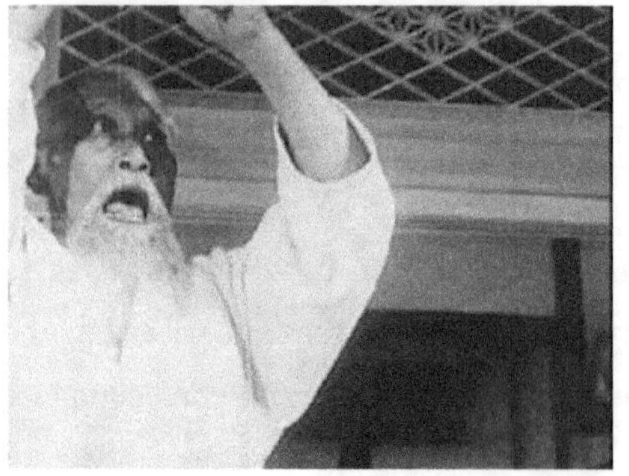

Quería ver cómo se definía la palabra *kiai* en español, así que la busqué en el *Diccionario de la lengua española, Vigésima tercera edición*. Decía: "Aviso: La palabra *kiai* no está en el Diccionario". No me sorprendí al descubrir que esta palabra japonesa no es suficientemente popular como para que la reconozca la Real Academia Española. Pero, a la vez, sí me dio un poco de curiosidad, así que busqué en la *Wikipedia* japonesa, esperando encontrar *kiai* allí. Aunque no lo creas, allí tampoco encontré nada al respecto. Esto podría significar que, al parecer, a los japoneses no se les hace gran cosa este término.

Esto, de verdad, fue un hallazgo sorprendente e inesperado para mí, un autor japonés. Tengo alrededor de cien libros japoneses sobre las artes marciales, y tratan no sólo el karate, sino también el *aikido* (合気道), el *kendo* (剣道), el *judo* (柔道), el *jujutsu* (柔術), el *kobudo* (古武道), el karate de Okinawa y el *budo*. Los he leído todos, pero no recordaba ningún libro o artículo sobre el *kiai*, así que revisé muchos, buscando el tema, pero sólo encontré uno o dos párrafos cortitos. Lamentablemente, no encontré ningún capítulo que tratara este tema. Por eso decidí escribir un capítulo que tratara este tema en este libro.

¿Esto significa que este tema es un hecho de conocimiento general o que no tiene profundidad, por lo que no hay nada que escribir? ¿Es muy difícil tratar el verdadero significado del *kiai* y su propósito? ¿O simplemente estoy perdiendo mi tiempo (y el tuyo), después de todo, haciendo una tormenta en un vaso de agua? Para averiguarlo, tendremos que ir más allá. El sitio *KaratebyJesse* tiene un excelente artículo respecto al *kiai*, escrito por Jesse Enkamp: "What Every Karate-ka Should Know about 'Kiai!'" ('Lo que todo *karateka* debe saber acerca del "¡*kiai*!"'). Con el permiso de Jesse, he incluido unos pasajes de su artículo traducidos al español a continuación:

> En primer lugar, ¿qué es el *kiai*, exactamente? Para decirlo de la forma más sencilla, el *kiai* es ese grito que escuchas en la mayoría de las artes marciales asiáticas (que no se debe confundir con el gruñido).
>
> Aunque mucha gente cree que *kiai* significa algo parecido a 'grito de guerra' o 'grito de ánimo', la verdad es un poco diferente. Una breve revisión de los *kanji* (ideogramas sino-japoneses) que componen la palabra te debe dar una pista en cuanto a lo que realmente significa el término:
>
> 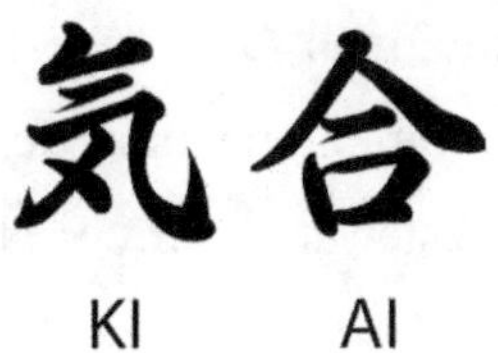
>
>
> Ki = energía
> Ai = unión

En otras palabras, el *kiai* es la convergencia de tu energía. Así de sencillo. No tiene nada de misterio o de magia. Así que al soltar un *kiai*, no nada más estás "gritando", sino que, lo que es más importante, estás comprimiendo y emitiendo un estallido instantáneo de tu energía almacenada.

Si estás interesado en leer el artículo entero u otros artículos del sitio de Jesse, he aquí el URL: www.karatebyjesse.com/kiai-scream-meaning-purpose-why.

Como mencioné anteriormente, por lo general, no consulto la información que se encuentra en *Wikipedia*, ya que muchas veces es incorrecta. Sin embargo, haré una excepción y compartiré aquí los conceptos principales del *kiai* que se describen en *Wikipedia*, ya que me parecen correctos. He aquí esos cuatro conceptos importantes:

1. Es un grito corto durante una técnica.
2. Puede ser silencioso, siendo el ruido sólo una indicación audible.
3. Puede agregar fuerza.
4. Ayuda con la habilidad de coordinar la respiración.

Kata

Todos los *kata* del Shotokan (los veintiséis *kata* de la JKA específicamente) tienen dos *kiai* menos Wankan (王冠) y Meikyo (明鏡), que solo tienen uno. Los *kiai* de los *kata* son muy característicos y se requieren en las competencias de *kata* de los torneos. ¿Alguna vez te has preguntado por qué siempre hay dos *kiai* y no tres o cuatro? Para entender mejor el *kiai*, necesitamos investigar su historia y aprender los orígenes de este fenómeno peculiar del karate. He aquí algunas de las preguntas que necesitamos contestar al viajar por la historia del karate:

- ¿Cómo se realizaban los *kiai* en la antigua Okinawa?
- ¿Cómo enseñaba Funakoshi los *kiai* y los *kata* a principios del siglo XX?

- ¿Eran obligatorios los *kiai* en aquel entonces?
- ¿Por qué tenemos dos *kiai* en casi todos los *kata*?

¿Los antiguos maestros que crearon los *kata* colocaron estratégicamente dos *kiai* en cada uno? Lo único que hay que hacer es observar los *kata* Pin'an (nuestros *kata* Heian) del Shorin Ryu o Matsubayashi Ryu de Okinawa para descubrir que éste no es el caso. Me he dado cuenta de que las organizaciones tradicionales de Okinawa ejecutan el *kata* entero sin ningún *kiai*. Dirás que practicas el Shorin Ryu de Okinawa y que tus *kata* sí tienen *kiai*. Tienes que darte cuenta de que el karate experimentó una importación inversa de las islas principales de Japón a Okinawa después de la Segunda Guerra Mundial, por lo que es posible que algunas de las organizaciones recientes que practican el karate de Okinawa animen a los estudiantes a incluir los *kiai* en sus *kata*.

Entonces, originalmente, los *kata* de Okinawa no tenían *kiai*. ¿Por qué? La respuesta debe ser fácil si te pones a pensar en cómo se practicaban los *kata* de Okinawa durante los siglos XVII y XVIII, cuando estaba prohibida toda práctica de las artes marciales. En un capítulo anterior, mencioné que tenían que practicar en secreto sus *kata* en la madrugada, ya fuera en su propio jardín o en algún cementerio lejano. ¿Se podría implementar un *kiai* ruidoso, o sería deseable siquiera en cualquiera de estas situaciones?

Así que fácilmente te puedes imaginar que los *karateka* durante aquel período tenían que practicar el karate en silencio. Dirás: "Pero el Goju Ryu tiene una respiración muy escandalosa del tipo *ibuki* (息吹き [foto a continuación]) como parte de su régimen de entrenamiento regular". Es cierto eso, pero debes recordar que el Goju Ryu (fundado por Chojun Miyagi [宮城長順, 1888–1953]) comenzó en el siglo XX, después de que se había quitado la prohibición.

Si los antiguos maestros de Okinawa no practicaban los *kata* con *kiai*, entonces, ¿cuándo fueron introducidos los *kiai* en los *kata*, y por qué cambió? Éstas son preguntas excelentes, y debemos buscar las respuestas. Poca gente ha tocado este tema, pero me da mucho gusto compartir mis ideas con el lector según mis investigaciones.

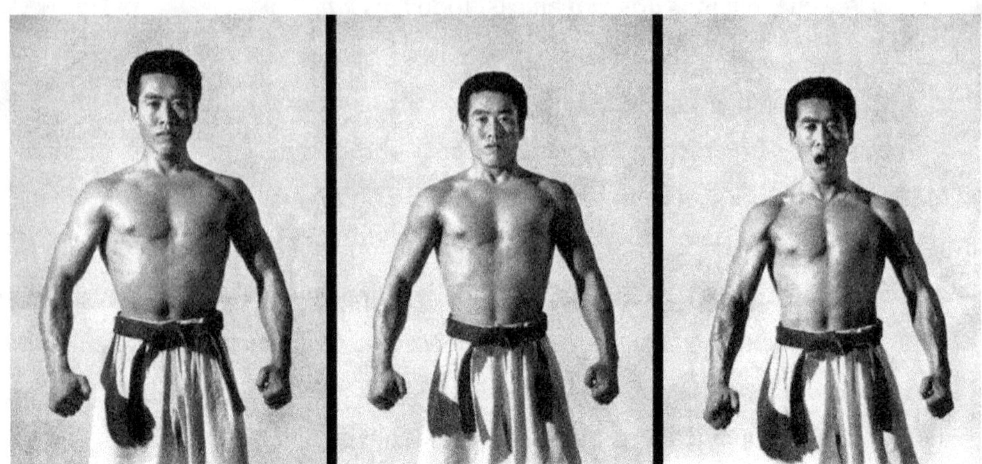

Veamos cómo enseñaba Funakoshi los *kata*. Tengo un libro viejo de él, llamado *Ryukyu Kenpo Karate* (琉球拳法唐手), que fue publicado en japonés en 1922. Desafortunadamente, no hay una edición traducida actualmente. En este libro, muestra muchos *kata*, incluidos Pin'an (Heian), Naihanchi (Tekki), Kosokun (Kanku Dai), etc., y describe los pasos y las técnicas, pero *no* menciona el *kiai* en ninguna parte. Esto me pareció muy interesante y éste fue el punto de partida de mi investigación sobre este tema.

Otro hecho interesante se puede encontrar en los *kata* de la Shotokai. Sólo hay unos cuantos *kata* disponibles en Internet, y me gustaría saber de los instructores de la Shotokai sobre este tema. Al examinar los videos disponibles, puedo ver cómo Egami y sus estudiantes avanzados ejecutaban los *kata* conocidos, como los Heian. Egami no realizaba ningún *kiai* en sus *kata*, y eso no me sorprendió, ya que a Egami no le gustaba el *kime* o la tensión. Sus movimientos están todos extendidos y expandidos. Si hubiera realizado un *kiai*, habría sonado como *yaaaaaaaaa*. Pero no creo que les haya agregado *kiai* a sus *kata*. Era un seguidor devoto de Funakoshi, y fácilmente puedo suponer que Funakoshi le enseñó los *kata* sin *kiai*.

Además, debemos recordar que la Shotokai, por sus principios, no autoriza los *shiai*, por lo que no tiene necesidad de requisitos y normas de competencia así como la JKA. Sin embargo, he oído que algunas ramas de la Shotokai se están involucrando más en algunos torneos, así que es posible que esté cambiando esta tradición en contra de los *shiai*.

Revisemos ahora el libro *Karate Do Kyohan* (空手道教範 [Kobunsha, 1935]), escrito por Funakoshi y traducido al inglés por Tsutomu Ohshima (大島劼, 1930–) en 1973, ya que éste era el manual oficial del Shotokan antes de que salieran *Dynamic Karate* (Kodansha, 1966 [foto a la derecha]) y la serie *Best Karate*, de Masatoshi Nakayama (中山正敏, 1913–1987). Funakoshi enumeró diecinueve *kata*, y Ohshima incluyó notas para todos menos Jutte, mostrando dónde se debían colocar los *kiai*. Cada *kata* tenía dos notas y dos *kiai*, pero algo que me llamó la atención fue que insertó la palabra *habitualmente* en sus notas. Esta palabra implica que los *kata* se podrían ejecutar sin *kiai*. Entonces, en los cincuenta, cuando Ohshima aprendió karate de Funakoshi, la directriz con respecto a los *kiai* se ha de haber dado en forma de recomendación.

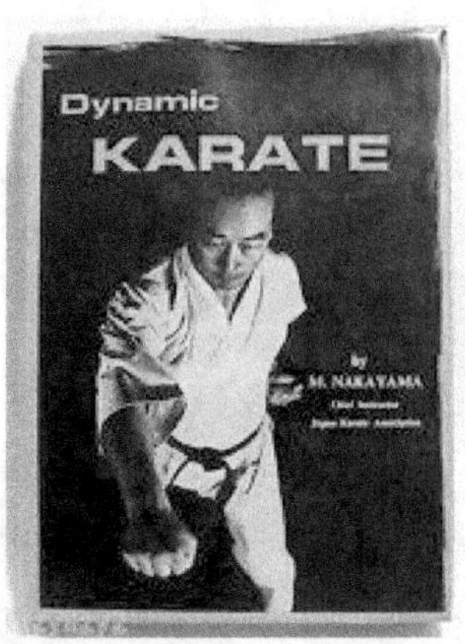

La JKA fue fundada en 1949, siendo Nakayama uno de los fundadores, y los libros que componen la famosa serie *Best Karate*, escritos por Nakayama, han sido los manuales indiscutibles de la JKA. Éstos se pueden utilizar para identificar dónde van los *kiai*, ya que aparece la palabra *kiai* dos veces en cada *kata*. Entonces, después de que se estableció la JKA, los *kiai* parecen haberse convertido en elementos obligatorios de los *kata*. A base de un análisis detallado de todos estos manuales, podemos concluir que Funakoshi, por lo menos en sus primeros años en Japón, no ejecutaba sus *kata* con *kiai*, ni tampoco enseñaba los *kata* con *kiai*.

Sospecho que han de haber ocurrido algunos cambios cuando les enseñaba a aquellos estudiantes universitarios en las décadas de los 1920 y 1930. La mayoría de las universidades de Tokio tenían un *budokan* (武道館, 'salón de artes marciales') en sus campus, y allí se practicaban todas las artes marciales, como el *kendo* y el *judo*. En caso de que el lector no conozca el *kendo* y el *judo*, los practicantes de estas artes te sorprenderán con los escandalosos y frecuentes *kiai* que sueltan durante su entrenamiento. Aquellos practicantes del *kendo* y del *judo* han de haber soltado muchos *kiai* en el *budokan*, y los estudiantes del club de karate los habrían escuchado.

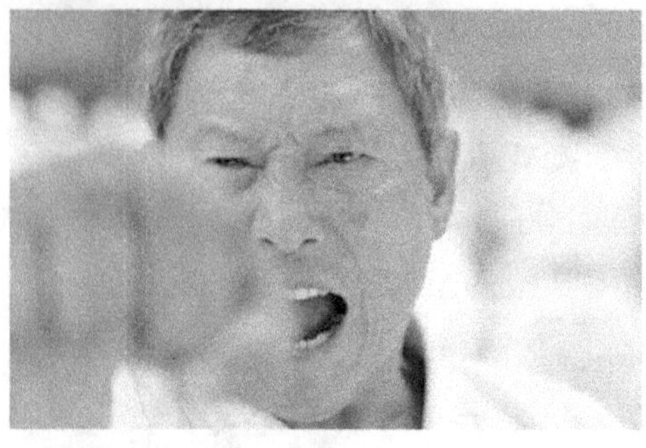

Es fácil sospechar que los estudiantes de karate se habrían sentido avergonzados de no hacer ningún ruido al hacer sus ejercicios a solas. Durante aquellos años, Funakoshi los ponía a practicar sólo los *kata* y muy poco *kumite*. De hecho, algunos de los estudiantes no pudieron cumplir con la regla de Funakoshi que les prohibía practicar el *jiyu kumite* (自由組手, 'combate libre'). Escuché que cuando se enteró de que algunos de sus estudiantes lo practicaban en secreto, incluso renunció a su puesto de instructor en esa universidad en particular.

Por lo tanto, es fácil suponer que aquellos estudiantes enérgicos querían soltar un escandaloso *kiai* para demostrar su espíritu. Sospecho que Funakoshi se rindió porque no quería reprimir demasiado la energía de aquellos estudiantes jóvenes. Además, a lo mejor pensaba que un fuerte *kiai* les hacía bien a los principiantes, ya que tienden a aguantar la respiración.

El karate proviene originalmente de China, y, después de mi investigación, se me hace difícil concluir si había *kiai* en los *kata* inicialmente, ya que no conocemos los *kata* chinos originales. Al estudiar algunos de los *kata* chinos actuales, descubrí que algunos se practican con *kiai* y otros sin *kiai*, sobre todo en el *taichi* y el *bāguàzhǎng* (八卦掌). Sin embargo, algo que he notado es que estos *kiai* no vienen en pares. También descubrí que sus métodos de realizar los *kiai* son diferentes. No voy a entrar en detalles con este tema, ya que mi objetivo aquí no es el de hacer una comparación.

Todavía necesitamos volver a la pregunta original: ¿Por qué los *kata* actuales tienen dos *kiai*? El origen del Shotokan es el Shuri Te, en el cual se practica la respiración natural, por lo que supuestamente se espera que los practicantes realicen todas las técnicas sin hacer ningún ruido de respiración. El aguantar la respiración innecesariamente es lo que sucede con este método de entrenamiento a menos que se le instruya al estudiante a respirar de la forma correcta, y esto es lo que vemos con frecuencia entre los principiantes.

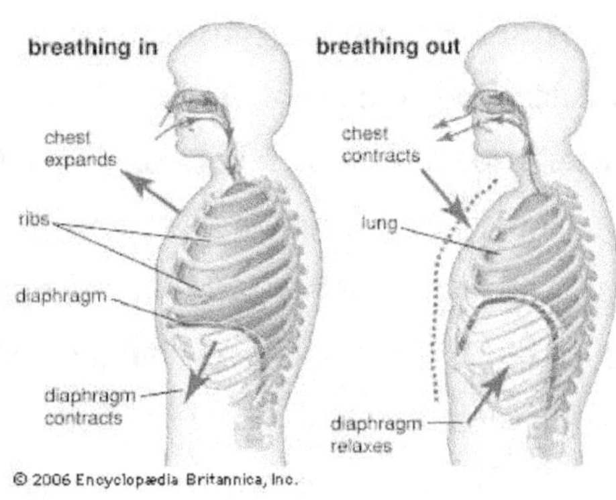

Pero esto todavía no explica por qué tiene que haber dos *kiai* en cada *kata*. Creo que esto sucedió cuando se establecieron originalmente las reglas de los torneos hace unos cincuenta años. Si juntamos la evidencia histórica que describí anteriormente con el hecho de que la JKA celebró el primer Campeonato Nacional de Japón en 1957, el año en que falleció Funakoshi, es muy fácil llegar a la conclusión de que la JKA concretó el requisito de que hubiera dos *kiai* en cada *kata*.

Así que esto fue creado originalmente para las competencias en los torneos. Pero ¿por qué, entonces, eligieron dos *kiai* en vez de uno o tres? Mi suposición informada es que cada *kata* tiene el concepto japonés de *omote* (表, 'anverso') y *ura* (裏, 'reverso'), o yin y yang (*in'yo* [陰陽]). Entonces, el primer *kiai* termina el anverso, o sea, la primera parte del *kata*, y el segundo concluye el reverso, o sea, la última parte del *kata*. Aunque el segundo *kiai* suele ocurrir hasta el final, hay unos cuantos *kata* que tienen uno o dos pasos adicionales después del segundo *kiai*, como Hangetsu, Meikyo y Enpi.

Por lo tanto, Nakayama, como instructor principal de la JKA, fue el responsable de que se incluyera este requisito en el currículo de exámenes de la JKA y en las normas de los torneos.

Kumite

También es un hecho que se les anima a los practicantes a realizar *kiai* fuertes no tan sólo en el *kumite* de los torneos, sino también en el entrenamiento de *kumite* regular. De hecho, en un torneo, lo más seguro es que necesites un buen *kiai* para ganar el punto entero. Si peleas en los torneos, a lo mejor recuerdas alguna pelea en la que hayas ejecutado una buena técnica, pero no se te haya concedido el punto entero porque o no realizaste el *kiai* o tu *kiai* fue débil.

Algunos instructores dirían que las técnicas son más fuertes con el uso de un *kiai* más fuerte. ¿Realmente es cierto esto? Si éste es el caso, ¿por qué no vemos a los boxeadores gritando fuerte al dar sus golpes? He visto muchas peleas de boxeo, pero nunca he visto que ninguno de los boxeadores, incluidos los campeones como Muhammad Ali, Sugar Ray Leonard y Mike Tyson, haga nada por el estilo.

Pero dirás: "He visto que los atletas que participan en el levantamiento de pesas y el lanzamiento de balas sueltan gritos parecidos al momento de levantar o lanzar". Tienes razón, pero también debes evaluar y comparar las diferencias fundamentales entre las técnicas y los mecanismos fisiológicos del karate y los del levantamiento de pesas y del lanzamiento de balas. Una pista son las diferencias que ves en los dos distintos tipos de *kiai* que se encuentran en Jion. Éste sería un buen tema para investigar algún día, pero aquí hay que enfocarnos en los *kiai* del *kumite*.

Nuestra suposición es que para que realicemos un buen *kime*, los músculos de nuestro cuerpo tienen que estar tensos. ¿No es eso lo que aprendiste en tu entrenamiento? Yo digo que esta afirmación es correcta, pero sólo en parte. Comúnmente se cree que todo el cuerpo necesita estar tenso, como una estatua de bronce, para realizar el *kime*. Éste es precisamente el punto que quiero señalar como el mayor concepto erróneo que muchos practicantes e instructores parecen tener. Consideraba tan importante esta creencia sobre el *kime* que escribí lo que originalmente era un artículo para la revista *Shotokan Karate Magazine* y ahora se incluye en este libro como el capítulo 1: "Kime".

A estas alturas, lo más seguro es que ya hayas leído el capítulo, pero el punto principal es que *no* hace falta que todos los músculos del cuerpo estén tensos para realizar el *kime*. Más bien, *no deben* estar tensos si hay que utilizar este *kime* en una pelea de verdad. Lo que hace falta es que se pongan tensos sólo los músculos específicos que estén involucrados en la generación y transmisión de la fuerza al punto de impacto (es decir, el atacante). No obstante, para realizar el *kime*, ciertas partes del cuerpo, incluidos los músculos abdominales y el diafragma, deben estar tensos, y esto es correcto.

Bueno, entonces, debe haber un *kiai* con el *kime*, ya que la tensión debe acompañar la exhalación del aire, ¿verdad? No, éste es exactamente el punto que quiero disputar. Quiero que sepa el lector que realizar el *kime* al inhalar no es imposible. En realidad, es muy posible si se enseña adecuadamente. De hecho, uno puede entrenarse y aprender a tensar el diafragma en tres distintas fases de la respiración: la inhalación, la exhalación y la retención. Esto significa que uno se puede poner tenso en cualquier momento, independientemente de la etapa de respiración.

Es común ver a los principiantes aguantar la respiración al intentar dar golpes con todas sus fuerzas. Todos sabemos que exhalamos rápidamente al intentar generar el *kime* o el *kiai*. El tensar el cuerpo al inhalar parece ser contrario al sentido común. Al inhalar, sientes que el cuerpo se relaja naturalmente y que no puedes ponerte tenso. Sí que se requiere mucho entrenamiento para aprender a tensar el diafragma al inhalar. Éste es uno de los objetivos del entrenamiento de *ibuki* —esto lo trato más adelante en el capítulo 11: "Hangetsu"— así que no les resulta extraño a aquellos *karateka* que conozcan dicho método de respiración.

Entonces, ¿está mal utilizar el *kiai* en el *kumite*? Mi respuesta es doble. Si tienes un grado de *shodan* o *nidan*, te animo a realizar un *kiai* fuerte para que aprendas a tensar los músculos internos, incluidos los diafragmas. Nótese que hay dos. El diafragma que está debajo de los pulmones es bien conocido, pero la mayoría de los practicantes o no conocen o no le hacen caso al otro, el cual está ubicado debajo del estómago. Si eres un practicante de alto rango, necesitas aprender a realizar un *kiai* silencioso con todas tus técnicas.

¿Por qué deberías realizar un *kiai* silencioso? Bueno, si estás en un torneo de *kumite*, no habrá ningún problema. Pero si practicas el karate como arte marcial, debes estar preparado para enfrentarte a varios atacantes a la vez. Esto podría significar no sólo dos o tres, sino posiblemente diez o incluso veinte. En esta situación, el movimiento del cuerpo debe utilizar la energía de manera muy eficaz. La tensión del cuerpo debe ser extremadamente corta, como la milésima parte de un segundo (*kime* verdadero), y esto dará como resultado un *kiai* silencioso, ya que no será posible ni un grito corto. Puede que salga un soplo rápido de tu boca medio abierta, pero nada más.

Junto con tal método de respiración, tus movimientos físicos serán extremadamente pequeños o sutiles hasta el punto en que el adversario quizás ni vea que te muevas. Cuando el adversario avance para atacar, avanzarás simultáneamente y te enfrentarás a él. Pasarás junto al adversario en silencio como si no hubiera pasado nada entre ustedes dos. Pero el adversario sentirá el impacto un momento después, y eso posiblemente lo derribe. Ésta es una técnica que Funakoshi intentó enseñarles a sus estudiantes universitarios, pero un período de cuatro años no era lo suficiente como para alcanzar esta meta.

Entonces, ¿cuál es la conclusión de la historia del *kiai*? Si compites en los torneos o vas a hacer una demostración de defensa personal muy extravagante (foto a continuación), adelante. Aprende a soltar un *kiai* fuerte para ganar tus puntos. Pero si eres un artista marcial con, digamos, veinte años de entrenamiento en tu haber, ya hay que superar eso del *kiai* escandaloso. ¿No es hora ya de que alguien empiece a enseñar el arte del *kiai* silencioso?

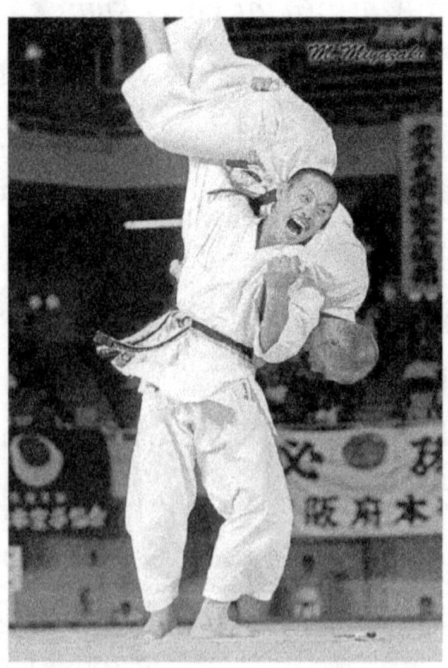

Capítulo seis
第六章

Bunkai de la JKA
日本空手協会による分解

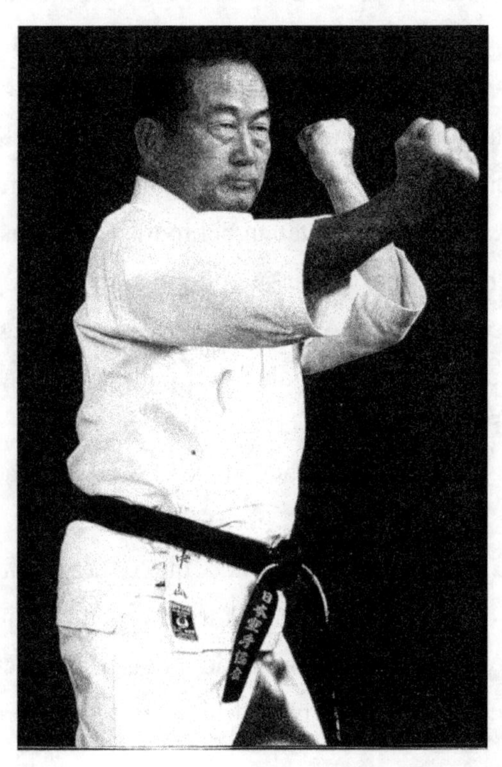

Debo confesar que he recibido bastantes críticas y he hecho muchos "enemigos" a causa de este capítulo desde la publicación de la edición de este libro en inglés hace casi diez años. Ya sabía que este tema era controvertido, pero no esperaba algunas de las críticas muy negativas, las cuales han de haber salido de unos malentendidos. Para esta edición, quisiera agregar la declaración que se encuentra a continuación para aclarar mi postura con respecto a este tema.

Aunque ya afirmé esto en la edición original, quisiera volver a enfatizar que fui un miembro fiel de la JKA entre 1963 y 2001. Casi todas las técnicas de karate que sé, las aprendí de la JKA, y mi fundamento en el karate definitivamente está basado en la JKA. Me encantaba esta organización, y no salí de ella por descontento. No tenía alternativa porque el difunto Tetsuhiko Asai, ex director técnico de la JKA, dejó la JKA y fundó su propia organización, la JKS, en 2000. Yo quería seguir a Asai Sensei y aprender el karate Asai Ryu. Es por eso que tuve que salir de la JKA. De hecho, la decisión de salir se me hizo muy difícil, y tardé un año para tomarla. Todavía respeto la JKA y su karate. Tengo muchos amigos alrededor del mundo, incluso en Japón, que siguen siendo miembros de esta organización.

A pesar del respeto y afecto profundos que le tengo a esta organización, sentía que necesitaba dar a conocer el tema de los *bunkai* de la JKA. Al viajar por el mundo, había conocido a una gran cantidad de practicantes, muchos de los cuales dudaban de los *bunkai* porque no estaban del todo satisfechos con sus explicaciones. Sin embargo, tenían miedo de dar su opinión al respecto, ya que no se consideraban capacitados para hacerlo. Así que me pidieron a mí, un instructor japonés, que lo hiciera. Por supuesto, no lo podía hacer públicamente mientras permanecía en la organización. Pero después de haber salido, decidí que ya era hora de tratar el problema con respecto a las explicaciones de los *bunkai* dadas por la sede de la JKA.

Creía en aquel entonces, y sigo creyendo, que se debía dar a conocer la verdad por el bien del entendimiento correcto del karate, esperando que beneficiara al lector. Antes de seguir con este capítulo, quisiera avisarle al lector que la razón por la cual escribí este capítulo no fue para deshonrar o faltarle el respeto a la JKA, sino para dar a conocer la verdad. Espero que el lector tome su propia decisión en cuanto a la validez de mis afirmaciones después de haber leído este capítulo.

Todos sabemos que el entrenamiento estándar del karate Shotokan consta fundamentalmente de tres partes: *kihon* ('fundamentos'), *kumite* ('combate') y *kata* ('formas'). Supuestamente, cada parte es igual de importante como herramienta para lograr el dominio del karate. Desafortunadamente, de estas tres partes, siento que la de los *kata* es el aspecto más subestimado, más incomprendido y, por lo tanto, el peor manejado del entrenamiento de karate.

Es cierto que el *kata* es una tradición muy singular de las artes marciales asiáticas. Las artes marciales occidentales, como la esgrima, el boxeo, la lucha libre y el tiro con arco, no desarrollaron esta forma de entrenamiento. De hecho, el *kata* se encuentra en todas las artes marciales japonesas, como el karate, el *kendo*, el *judo* (casi extinto, pero sí existe), el *aikido*, el *jujutsu*, el *kyudo*, el *iaido* (居合道), el *naginata* (薙刀) y muchas otras. Además, el concepto de *kata* es tan predominante e importante en la cultura japonesa que el *kata* se puede encontrar en otras artes y oficios, como la ceremonia del té conocida como *sado* (茶道) o *chanoyu* (茶の湯), el arte de los arreglos florales conocido como *kado* (華道) o *ikebana* (生け花), dos tipos de danza clásica japonesa conocidos como *noh* (能) y *kabuki* (歌舞伎), el arte de la caligrafía conocido como *shodo* (書道) e incluso en la cocina, la carpintería, etc.

Veamos más de cerca qué es el *kata* del karate y cuáles son sus propósitos para que podamos entender por qué los antiguos maestros nos lo dejaron. Si el *kata* fuera, como algunos instructores lo consideran, otra forma de *kihon*, no podría haber sobrevivido durante muchos siglos.

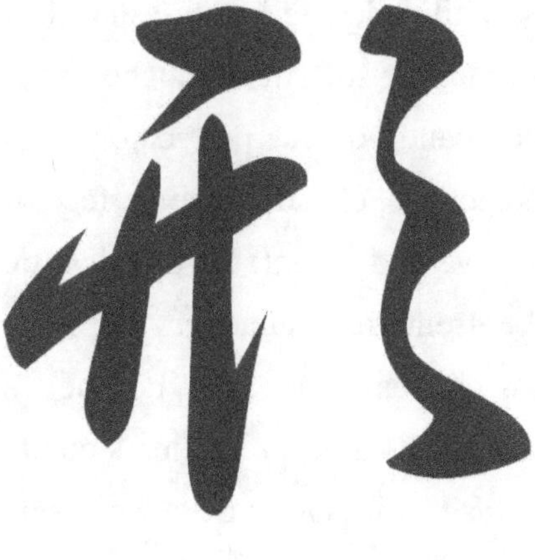

Kata (形 o 型) es una palabra japonesa que describe patrones detallados de movimientos específicos (desde veinte hasta cien, aproximadamente) que se practican, ya sea a solas o en equipo, con pasos y giros mientras se busca mantener la forma perfecta. Los movimientos y los pasos que contiene el *kata* fueron identificados por los antiguos maestros como las técnicas más fundamentales y esenciales elegidas de entre las numerosas técnicas que utilizaban en las peleas de verdad. En el *kata* del karate, se espera que el practicante visualice los ataques del enemigo y sus propias reacciones. Los *karateka* "leen" el *kata* para explicar los eventos visualizados.

Hay quizás más de 200 *kata* entre los diversos estilos de karate, cada uno con muchas variaciones menores. Se dice que algunos *kata* han sido transmitidos durante varios siglos o más, y otros *kata*, como los Heian, fueron creados hace sólo unos cien años. La ASAI (Asai Shotokan Association International) incluye los *kata* Junro (順路) desde Shodan hasta Godan, los cuales fueron creados por el maestro Asai, en su currículo estándar. Aparte de esos *kata* modernos, los orígenes y la historia de los *kata* no están claros, ya que no fueron bien documentados. Sin embargo, el propósito del *kata* queda muy claro. El *kata* es un manual del karate, y las siguientes tres funciones (herramientas) se encuentran en este manual: una herramienta de autoformación, una herramienta de aprendizaje de combinaciones y una herramienta de transmisión de conocimiento.

Herramienta de autoformación

El *kata* es una herramienta creativa a través de la cual nos podemos entrenar completamente por nuestra cuenta. Aunque las habilidades de karate están destinadas a ser utilizadas contra un adversario, el practicar solo tiene mucho valor. De hecho, es mejor y más eficaz entrenarte solo cuando deseas perfeccionar tus técnicas. Esto parece contrario a lo que quizás supongas, es decir, que perfeccionarías tus técnicas para las situaciones de peleas de verdad durante las prácticas de *kumite*. En realidad, la mayoría de las veces, el enfrentarte a un adversario es un impedimento para el proceso de perfeccionar tus técnicas. ¿Por qué? Porque les pones demasiada atención a las técnicas del adversario —pues, no quieres que te dé en la nariz, claro—. Esto significa que ajustas tus técnicas a las del adversario.

Para perfeccionar tus técnicas, necesitas repetir los movimientos correctos de la misma manera cientos o miles de veces. Mientras que el ejecutar mil golpes o patadas al día es muy aburrido y difícil de hacer, los *kata* son perfectos para realizar este proceso monótono. No hace falta ir a un *dojo* para practicar los *kata*. Cuando andas en viaje de negocios, una habitación de hotel es lo suficientemente grande, y la puedes convertir en tu propio *dojo*.

Herramienta de aprendizaje de combinaciones

El *kata* es una larga serie de técnicas que incluye muchos giros, combinaciones, saltos, etc., mientras que el *kihon* sólo saca un segmento (una técnica o una combinación corta) para enfocarse en mejorar esa técnica o combinación corta específica. Al aprender la forma, o los movimientos fundamentales, el practicante puede aplicar y modificar las técnicas para que se adapten a situaciones reales que abarquen numerosas variaciones. Una buena analogía quizás sea el proceso de aprender una lengua extranjera. Inicialmente, memorizamos un grupo de palabras de vocabulario y luego algunas frases básicas. Esto es como nuestro *kihon*. Luego, estudiamos y memorizamos una serie de intercambios de preguntas y respuestas, como pedir direcciones para llegar a la estación, comprar algo, etc. Esto es nuestro *kata*.

Algunas artes marciales occidentales, como la lucha libre, la esgrima y el boxeo, sí desarrollaron algunos movimientos de *kihon*, pero éstos no se convirtieron en *kata*. Curiosamente, sin embargo, en la música clásica, los estudiantes ejercitan algunas composiciones de práctica que se podrían considerar como *kata*. La única diferencia es que no hay competencias libres en la música clásica así como lo que se encontraría en el jazz. Se realiza una composición de práctica para prepararse para composiciones mucho más largas y técnicamente más complejas.

Herramienta de transmisión de conocimiento

En una época en que la gente no tenía equipo de video o ayudas visuales, un grupo de movimientos fijos (*kata*), el cual se podía practicar repetidas veces y transmitir a otros estudiantes, era una gran herramienta para transmitir los complejos intercambios de técnicas. Así, aunque un maestro falleciera, sus técnicas distintivas seguirían vivas mientras sus estudiantes siguieran practicando su *kata*, la cual contenía dichas técnicas. Si bien es posible escribir las técnicas en papel, es extremadamente difícil describir completamente en forma escrita todos los detalles menores de las técnicas contenidas en las largas secuencias de combate.

Es cierto que las competencias de *kata* se han vuelto más populares en los torneos de todos los estilos tradicionales del karate. Por otro lado, he escuchado que algunos instructores y practicantes han abandonado el entrenamiento de *kata* porque no pudieron ver sus beneficios o entender su relación con el *kumite*. Esto proviene de la ignorancia de las aplicaciones (*bunkai* [分解]).

Otra preocupación es que la tradición del *kata* ha estado cambiando últimamente, y posiblemente se esté desapareciendo. Un acontecimiento reciente en las competencias de *kata* es que muchos competidores están modificando el ritmo y las formas para que se vean más dramáticas con el fin de ganar más puntos en las competencias. Como resultado, algunos de los *kata* ya no tienen la apariencia o las técnicas exactas de los *kata* originales. Aquí se pierde la tercera función de los *kata*, es decir, la transmisión de conocimiento.

En el transcurso de mis estudios e investigaciones, he descubierto muchos conceptos erróneos y malentendidos que están relacionados con el *kata* y su entrenamiento. Hay miles de *karateka* serios a los que les encanta el *kata*, y lo practican diligentemente. Por lo tanto, es muy desafortunado que estos mitos y conceptos erróneos aún existan y que posiblemente sigan teniendo una influencia negativa sobre ellos. En este capítulo, deseo dar a conocer estas cosas ante el mundo del karate y preguntarle al lector si está de acuerdo o no. Independientemente del lado que esté el lector, mi esperanza es que más personas entiendan mejor el verdadero propósito de nuestros *kata* y adquieran un aprecio por la herencia que hemos tenido la suerte de recibir.

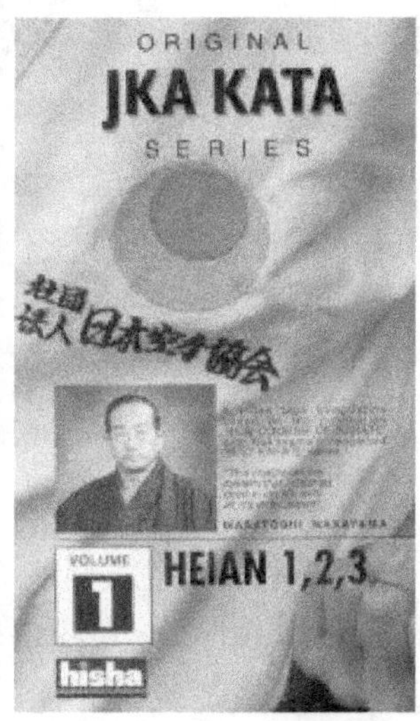

En primer lugar, quiero que sepa el lector que yo había sido miembro de la JKA durante más de cuarenta años cuando me cambié al karate Asai Ryu en 2001. No salí de la JKA en malos términos, y todavía le tengo un gran respeto a esta organización. La intención de este capítulo definitivamente no es la de atacar a la JKA. Mi única intención es la de dar a conocer un error crítico que, lamentablemente, cometió a mediados de la década de los 1980. Fue un gran error que ocasionó —y me consta— un gran impacto en el entrenamiento del karate Shotokan.

A lo que me refiero es un video oficial bien conocido, producido por la JKA y titulado *Original JKA Kata Series*. Sospecho que muchos lectores a lo mejor lo tienen o al menos lo han visto en el pasado. Fue grabado con escenarios atractivos (templos, santuarios, cascadas, montañas, etc.) y demostraciones de parte de instructores famosos de la JKA como Nakayama, Osaka, Yahara, Imura, Tanaka y muchos otros. Se produjo originalmente en formato VHS y ahora está disponible en formato DVD con doblaje en inglés. Algo que no se sabe es que esta película fue destinada principalmente a los practicantes extranjeros. Más adelante explicaré por qué es importante este punto. David Hooper Sensei da la siguiente recomendación de este video (texto traducido):

> No es simplemente una forma de aprender el karate Shotokan, sino que es la fuente definitiva por la cual se debe medir el progreso. Una serie de videos profesionalmente producida...que servirá como una guía infalible del método correcto de ejecutar los *kata* del Shotokan.

Respeto a Hooper Sensei por su profundo conocimiento y sus largos años de entrenamiento en la sede de la JKA en Japón. De hecho, he tenido el placer de leer muchos de sus artículos en la revista *Shotokan Karate Magazine* y le tengo un tremendo respeto como instructor de karate. Sin embargo, simplemente no puedo aceptar que este video sea "la fuente definitiva" o "una guía infalible del método correcto de ejecutar los *kata* del Shotokan". La demostración de los *kata* es excelente, y este video definitivamente tiene su valor en ese sentido. Por otro lado, tengo serias críticas con respecto a sus *bunkai*. Francamente, muchas de las aplicaciones que se demuestran en el video son poco realistas y extrañas.

Como puedes ver, estos *sensei* aplican las técnicas y los pasos exactamente de la misma manera que se requiere en los *kata*. Preguntarás: "Entonces, ¿cuál es el problema?". El problema es que ignoran o descartan las verdaderas aplicaciones que les corresponden a los movimientos ocultos o modificados de los *kata*. En el video, estos *sensei* ejecutan tan bien las técnicas que parecen naturales e incluso realistas. Sospecho que la mayoría de los espectadores creen que todas las técnicas de *bunkai* que se demuestran son correctas. Sólo inténtalo tú mismo con los métodos y pasos exactos que se demuestran en el video. Te darás cuenta de que muchas técnicas no funcionan bien. No les eches la culpa a tus técnicas si tienes problemas, ya que el *maai* y las aplicaciones no son realistas o aplicables.

Éstas son algunas de las explicaciones que me parecen extrañas o poco realistas. También proporcionaré las aplicaciones que aprendí de Sugano Sensei y de Asai Sensei. Me gustaría pedirle al lector que los compare para ver qué grupo de aplicaciones tiene más sentido o es el más realista.

Heian Shodan (平安初段)

Los dos primeros movimientos representan una combinación de bloqueo y contraataque. Desafortunadamente, éste es el comienzo de una serie de aplicaciones poco realistas. Sólo imagínate que fueras el atacante. ¿Darías un paso para atrás después del primer *chudan oi zuki* aunque te lo bloquearan? Lo más seguro es que no. Preferirías quedarte allí y realizar otra técnica de ataque, como un *gyaku zuki* o un *enpi uchi*, si la distancia fuera corta. Si el atacante permanece en la misma posición, el defensor no podrá avanzar para ejecutar un *oi zuki* según lo indica Heian Shodan. Tiene más sentido que el defensor ejecute un *gyaku zuki* después de un *gedan barai*. En el video, por supuesto, da la casualidad de que el atacante retrocede para que el defensor tenga un buen *maai* y luego pueda avanzar para ejecutar un *oi zuki*.

¿Por qué el creador de los *kata* Heian, Anko Itosu (maestro de Funakoshi), hizo que el segundo movimiento fuera un paso adelante con un *oi zuki* derecho? Hay una técnica oculta en el primer movimiento de Heian Shodan, la cual no se menciona ni se muestra en el video. La primera técnica obviamente parece un *gedan barai* izquierdo, pero es más que un simple bloqueo. En realidad, es una técnica que incluye otra función, un *gedan* (o *chudan*) *kentsui uchi*. El defensor entra y bloquea el *chudan zuki* del atacante con el área del codo en vez del área de la muñeca y luego procede a golpearle al atacante con un puño de martillo. Con este contraataque, es posible que el atacante retroceda como se ve en el *kata*, lo que no habría sido natural si el primer movimiento sólo fuera un bloqueo.

Hay una técnica oculta adicional en el segundo movimiento, llamada *ashi no kiri kaeshi* (足の切り返し, 'retorno del pie'), la cual se puede utilizar en muchas otras partes del *kata*. Para un *maai* fijo y corto, no puedes dar un paso completo hacia adelante, así que mejor llevas el pie izquierdo hacia atrás a *heisoku dachi* y luego das un paso rápido hacia adelante con el pie derecho para ejecutar un *chudan oi zuki* derecho. Este movimiento de pies permite que el defensor ejecute un *oi zuki* a una distancia fija.

Heian Nidan (平安二段)

La aplicación de los tres primeros movimientos (y la de los siguientes tres movimientos, que se realizan como una imagen de espejo) es un gran problema. Se demuestra en el video como un *jodan uchi uke* izquierdo, siendo la mano derecha simplemente un *kamae* sostenido sobre la frente. Entonces, el segundo movimiento es una técnica muy compleja de capturar un golpe con el cruce de los antebrazos. Este tipo de técnica se ve en las películas de *kung fu*, pero ¿les enseñarías esto a los estudiantes de octavo *kyu*?

La aplicación realista para el primer movimiento se describe a continuación. Bloqueas un *jodan zuki* con el *jodan age uke* derecho —el brazo derecho no es un *kamae*— y simultáneamente le das al atacante en la mandíbula con un gancho ascendente izquierdo. Ésta es una hermosa técnica *morote*. El segundo movimiento es un *chudan ura zuki* con el puño derecho en lo que jalas el puño izquierdo hacia atrás en preparación para el tercer movimiento (*chudan zuki* izquierdo).

Heian Sandan (平安三段)

Muchos se han de preguntar sobre el segundo (*gedan barai* izquierdo y *chudan uchi uke* derecho) y el tercer movimiento (*gedan barai* derecho y *chudan uchi uke* izquierdo). Estoy seguro de que el lector estará de acuerdo en que las técnicas demostradas por el atacante del video (un golpe y un *mae geri* ejecutados como un ataque simultáneo) son muy poco realistas. No voy a describir los detalles del *bunkai* realista, pero es una técnica de torsión de brazos.

Heian Yondan (平安四段)

Si el primer movimiento es una técnica de bloqueo, ¿no es extraño voltearse al otro lado para ejecutar otro bloqueo sin aplicar ningún contraataque después de la primera técnica (o después de la segunda técnica)? En el video de la JKA, Osaka Sensei agrega un golpe de mano de espada después del segundo movimiento, lo cual no se encuentra en este *kata*. Entonces, ¿faltan técnicas? Lo que falta, en realidad, es el concepto básico de que la mano de adelante es la mano que ataca. El golpe de mano de espada con la mano de adelante no es un bloqueo, sino un ataque. En realidad, es un golpe penetrante a la garganta del atacante o un *teisho uchi* ('golpe con la base de la palma') a la barbilla. El bloqueo se realiza con la mano de atrás de manera parecida a lo que se ve en Nidan. Con esta aplicación, se resuelve el misterio de que estas técnicas sean solamente para bloquear.

Heian Godan (平安五段)

Hay un movimiento de salto después del *jodan ura zuki*. El video indica que este salto es para evitar un golpe al área de la rodilla con un *bo*. El concepto básico de este movimiento no es extraño; sin embargo, ¿cómo explicas el siguiente movimiento? Osaka Sensei utiliza este movimiento (*gedan kosa uke*) con las piernas cruzadas para contraatacar al que lo ataca con el *bo*. Esta aplicación es muy poco natural. El misterio se resuelve si nos damos cuenta de que la mayoría de las técnicas de salto que se encuentran en los *kata* son técnicas de proyección ocultas. Después del *jodan ura zuki*, agarras el *karategi* o la ropa del atacante y lo tiras, utilizando la rotación del cuerpo. Si has practicado el *judo*, fácilmente puedes ver cómo se aplica esto. Al realizar la proyección, terminas con las manos y los pies en las posiciones indicadas. En los *kata*, este movimiento se simboliza como un salto principalmente para fortalecer los músculos de las piernas y desarrollar la agilidad a través del movimiento de salto.

Hay muchas otras aplicaciones extrañas y poco realistas a lo largo de este video, pero no creo que sea necesario ocupar más espacio en este capítulo, ya que el lector las puede encontrar fácilmente al ver el video con un ojo más crítico. Yo, en lo personal, no he escuchado ningún comentario que exprese dudas o preguntas con respecto a estas aplicaciones, aunque he visitado numerosos *dojo* de Shotokan. Me pregunto por qué nadie ha cuestionado o desafiado esto públicamente.

Entonces, hay otra gran pregunta. ¿Por qué la JKA produjo este video de esta manera? ¿Acaso no conocía Nakayama Sensei las verdaderas aplicaciones? Según los difuntos maestros Sugano Sensei (noveno *dan* y ex vicepresidente de la JKA) y Asai Sensei (director técnico de la JKA en aquella época), que también estuvieron involucrados en la producción de este video, Nakayama Sensei tenía serias dudas antes de la producción al tratar de decidir si enseñarían los verdaderos *bunkai* o si se apegarían a los pasos exactos de los *kata*. Eligió la segunda opción por tres

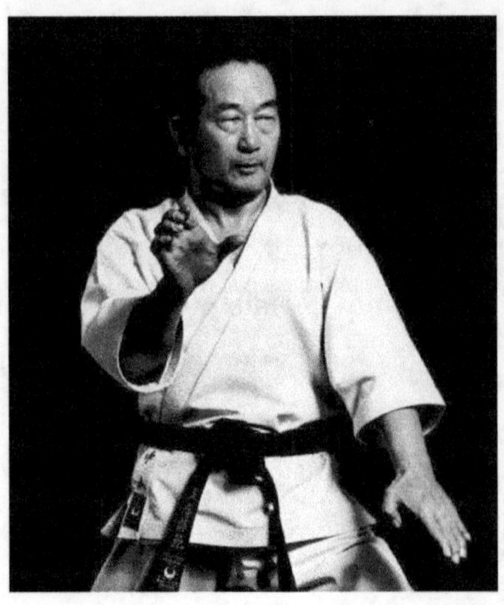

razones principales.

La primera razón fue la de comprobar que todos los pasos de Heian (desde Shodan hasta Godan) se podrían demostrar y que los *bunkai* se podrían aplicar tal cual. Aunque tuvieran que forzar las aplicaciones, necesitaban hacerlo. Muchos practicantes no japoneses visitaban el *honbu* (本部) *dojo* de la JKA en los sesenta y setenta y pedían los *bunkai* para entender mejor los *kata*. Esto es algo muy natural para los occidentales, pero esta clase de petición es poco común para los estudiantes japoneses. La JKA tenía que demostrar o comprobar que todos los movimientos de los *kata* Heian funcionarían en los *bunkai* para satisfacer a los estudiantes no japoneses. Estos *sensei* se desempeñaron tan bien en el video que, al verlos, nadie sintió que las aplicaciones fueran forzadas o poco realistas.

Otra razón de las aplicaciones de la JKA provino del concepto de que todos los *kata* comienzan y terminan con un bloqueo. Para comprobar esto, tuvieron que utilizar el brazo de adelante para las técnicas de bloqueo. En realidad, esto en sí es un concepto erróneo. De hecho, el puño de adelante está diseñado para ser utilizado como técnica de ataque en casi todos los *kata*. Es una lástima, pero la verdad es que este concepto correcto se ignora por completo en el video de la JKA. En el siguiente capítulo, trato a fondo este concepto erróneo de que todos los *kata* comienzan y terminan con un *uke* para revelar de dónde provino esta idea y por qué la tuvieron que honrar.

La última razón es aún más controvertida. También era cierto que Nakayama Sensei y los demás *sensei* de la JKA no querían mostrarle los verdaderos *bunkai* al público, y en particular a los occidentales. No era muy difícil ocultar estas cosas en Japón, ya que los estudiantes de allá no hacen preguntas. Si se enseña cierto *kata*, entonces los estudiantes lo practican diligentemente miles de veces sin ninguna duda o pregunta.

Sin embargo, como mencioné anteriormente, en los sesenta y setenta, cada vez más occidentales comenzaron a aprender karate y empezaron a hacer preguntas sobre las aplicaciones. Los instructores dudaban en enseñar las verdaderas aplicaciones, las cuales requieren la modificación de los movimientos y muchas explicaciones complejas. No eran buenos para dar explicaciones largas y complejas, ya que ésta es una práctica poco común en Japón, particularmente en una situación de artes marciales. Además, los *sensei* de la JKA temían que, al saber las verdaderas aplicaciones, los estudiantes extranjeros consideraran erróneamente que los movimientos de los *kata* eran incorrectos y los modificaran para que se ajustaran a las aplicaciones.

Como resultado, no les explicaron a los estudiantes que los *kata* sólo representan los movimientos como si fueran de un libro de texto. De hecho, no hay una aplicación absolutamente correcta para cada movimiento. En realidad, hay muchas variaciones e interpretaciones diferentes. Los *kata* representan los movimientos más comunes y eficaces, junto con muchas ideas y técnicas ocultas. Esto requeriría de mucha explicación y un video mucho más largo, y es por eso que Nakayama Sensei optó por producir un video sencillo y directo que enseñara un solo método de *bunkai* para evitar la posible confusión en la relación entre *kata* y *bunkai.*

Esto fue tremendamente desafortunado y también irónico. Siento que esta película bellamente producida les ha hecho más daño que bien a los practicantes no japoneses con respecto a su verdadero entendimiento de los *kata* y cómo se relacionan con su *bunkai.*

Capítulo siete
第七章

Comenzar y terminar con bloqueos
形は受けで始まり受けで終わるのか

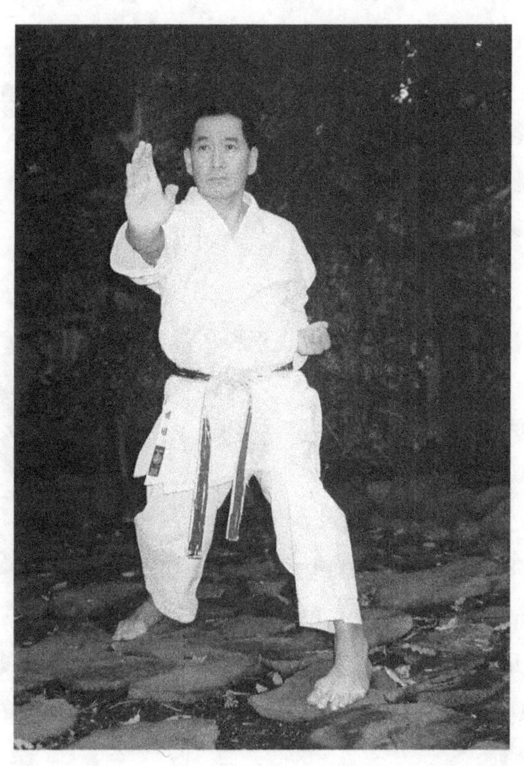

Una creencia popular e incorrecta con respecto a nuestros *kata* es que todos comienzan y terminan con una técnica de bloqueo. Mi *sensei*, el difunto Jun Sugano (菅野淳, 1928–2002), me dijo que algunos *kata* podrían empezar con un *uke waza* (受け技, 'técnica de bloqueo') pero que el último movimiento nunca es un bloqueo. Nótese que, en algunos casos, el último movimiento podría parecer un *uke*, pero, en realidad, es un movimiento *zanshin* (残心). Se tratan algunos ejemplos a continuación.

En el capítulo anterior, ya señalé que los primeros movimientos de Heian Shodan, Nidan y Yondan no son bloqueos. Ahora veamos algunos de los *kata* principales del Shotokan y examinemos sus primeros y últimos movimientos para ilustrar este punto importante. Los *bunkai* que se describen a continuación se basan en las enseñanzas que recibí de Sugano Sensei. Entiendo que hay muchas interpretaciones para estos *kata*. Una es la de seguir la aplicación que se basa en los nombres literales de los movimientos; por lo tanto, el primero y el último movimiento siempre pueden ser bloqueos. Le pido al lector que evalúe los *bunkai* aquí presentados y que los compare con los *bunkai* que comienzan y terminan con bloqueos. Quisiera retar al lector a que determine qué interpretación tiene más sentido y es más realista.

Bassai Dai (抜塞大)

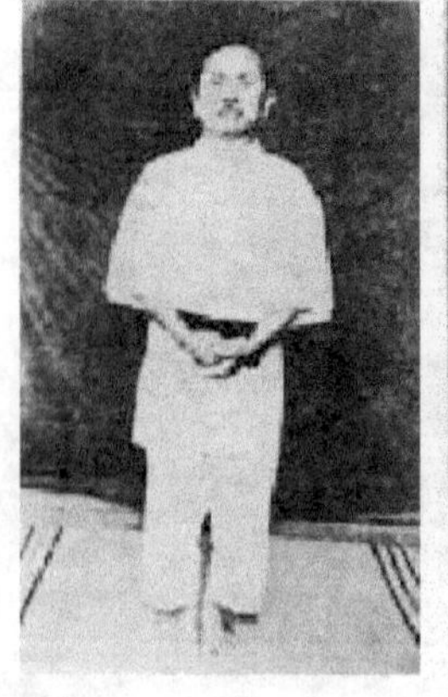

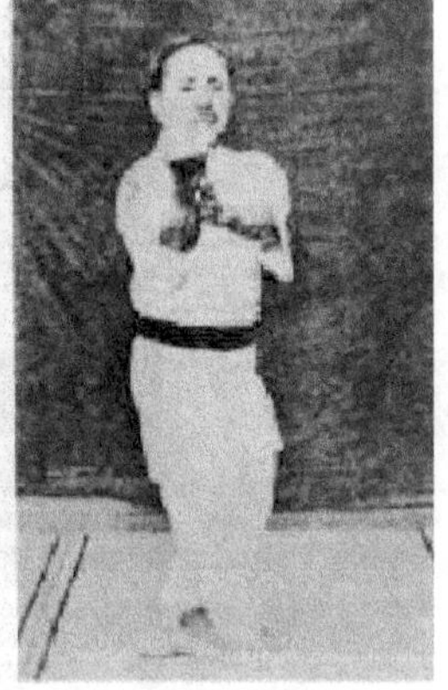

El primer movimiento se llama *morote chudan uke*. La técnica de este movimiento es una combinación de un *osae uke* ('bloqueo de presión') izquierdo y un *uraken uchikomi* derecho simultáneo. Este primer movimiento simboliza el *kata* Bassai, que significa 'eliminar una fortaleza'. Sugano Sensei nos decía: "Golpea para romper una puerta pesada con este movimiento". Este *kata* debe comenzar con una técnica destructiva de golpe o ataque. Si uno empieza este *kata* con la sensación de realizar un bloqueo primero, se perderá la verdadera naturaleza del *kata* Bassai.

El movimiento final es un *shuto uke*, pero es más fácil interpretarlo como un ataque. Realizamos este movimiento con un *kiai*, y definitivamente se ejecuta como un golpe de mano de espada, no como un bloqueo.

Kanku Dai (観空大)

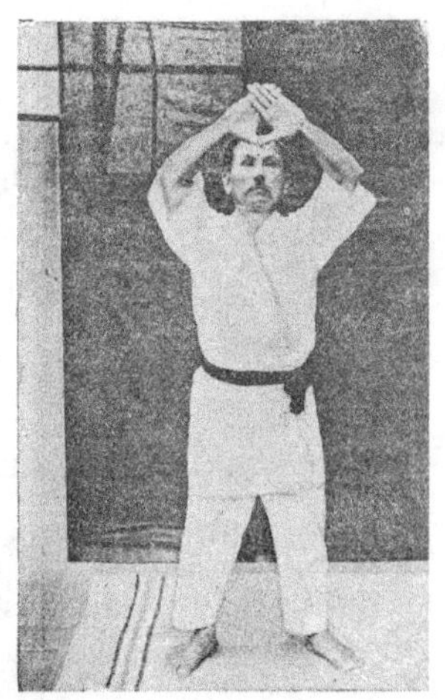

Aunque el primer movimiento, en el que las manos abiertas se elevan por encima de la cabeza y luego regresan hacia abajo con un movimiento circular, se puede interpretar como un movimiento de llave de brazo contra dos atacantes que agarren los hombros, este movimiento se interpreta comúnmente como un simple movimiento de reverencia ritual. El movimiento de un gran círculo exterior desde arriba indica un estado de preparación para el combate o una apertura del espíritu al combate. Sugano Sensei decía: "Ahora estás abriendo las puertas de tu castillo". Es comparable con el último movimiento, en el que los brazos hacen inicialmente un círculo hacia afuera y luego hacen un círculo hacia adentro en lo que descienden y finalmente quedan en posición de *yoi*. Este movimiento indica el cierre de las puertas del castillo con un sentimiento *zanshin*.

Entonces, con la interpretación de que el primero y el último movimiento son rituales, los primeros movimientos de combate de verdad son las técnicas de *jodan shuto*, las cuales son parecidas a las primeras técnicas de Heian Yondan. Este movimiento, un movimiento rápido en Kanku, se llama *shuto uke* pero, en realidad, es un *nukite* o *shuto uchi* disfrazado. Si las dos primeras técnicas fueran dos bloqueos hacia la izquierda y derecha, esto realmente no tendría sentido. Tendríamos que preguntar qué pasa con el atacante después del *jodan shuto uke*. ¿Se asusta y huye? ¿Se pasa para el otro lado y ataca de nuevo? El interpretar estos dos movimientos *shuto* rápidos como un golpe rápido al *jodan* de cada lado (dándoles a dos atacantes que se hayan acercado para atacar desde cada lado del defensor) es más natural y tiene más sentido.

El último movimiento de combate (el que viene antes del movimiento ritual de los brazos en forma de círculos grandes como se describió anteriormente) es un *nidan geri* seguido de un *jodan uraken uchikomi*. Se ejecuta con un *kiai*, y nadie negará que éste es un movimiento de ataque.

Hangetsu (半月)

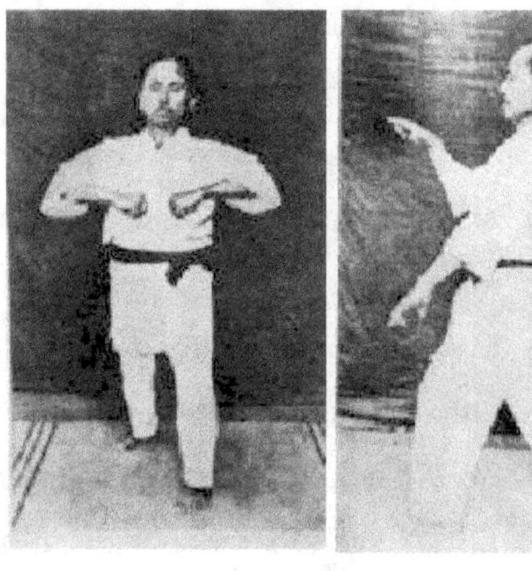

El primer movimiento realmente es un *chudan uchi ude uke*, una técnica de bloqueo. El propósito principal de este *kata* es el de aprender *hangetsu dachi*, y el creador del *kata* eligió *uchi ude uke* como el primer movimiento. Este primer movimiento también podría haber sido un *gedan barai*, ya que requiere una tensión corporal parecida, pero el creador escogió *uchi ude uke*. Hangetsu es único en que provino del Naha Te (那覇手), mientras que la mayoría de los *kata* del Shotokan provienen del Shuri Te. Hangetsu es verdaderamente distintivo como *kata* del Shotokan, ya que es el único *kata* en el que se deben practicar ejercicios de respiración profunda como se ve en muchos *kata* del Goju Ryu, tales como Sanchin y Tensho.

Ahora dirás: "El último movimiento, *gedan morote teisho uke*, definitivamente es una técnica de bloqueo". Sí, así parece, pero si investigas la historia y el desarrollo de este *kata*, te darás cuenta de que este movimiento es una modificación de un *shuto mawashi uke* con un *jodan teisho uchi* simultáneo. Compara los movimientos de preparación de esta técnica en particular (una mano cerca del pecho y la otra hacia la cadera) con los de Hangetsu (los dos *shuto* hacia las caderas). Te darás cuenta de que son muy parecidos y verás la conexión entre estas técnicas. Aun así, algunos practicantes consideran que el *morote teisho uke* es un movimiento *zanshin* después de un *kime* con el *gedan gyaku zuki*. Sin embargo, estoy seguro de que el lector estará de acuerdo en que la primera interpretación es más natural y creíble.

Gankaku (岩鶴)

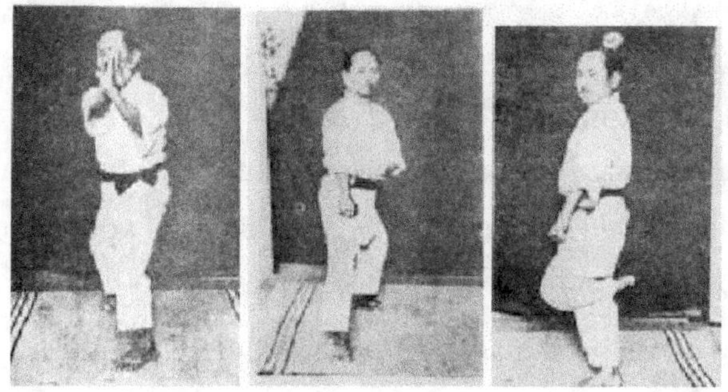

Es cierto que el primer movimiento de este *kata* parece una técnica de bloqueo. Sin embargo, si te pones a pensar en este movimiento peculiar (o poco natural) de las manos, podrás entender que hay una técnica oculta aquí. En realidad, es un *jodan morote shuto hasami uchi* pero modificado para que parezca bloqueo. Esta combinación de *jodan juji uke* (o *shuto hasami uchi*), *morote osae uke* y *nihon zuki* fue incorporado a Heian Godan.

No hace falta explicar o debatir el último movimiento, el *oi zuki* después del *yoko geri*.

Enpi (燕飛)

El primer movimiento es difícil de interpretar. Te arrodillas un poco en lo que bloqueas hacia abajo con el puño derecho y pasas el puño izquierdo al otro lado del pecho. ¿Qué significa esto? En realidad, esto es un *tsukami uke*, el cual sirve para agarrar al atacante con la mano derecha en lo que ejecutas un *kagi zuki* simultáneo con la mano izquierda. Una vez más, ésta es una técnica oculta que debe ser explicada por un instructor que entienda la verdadera aplicación de este *kata*.

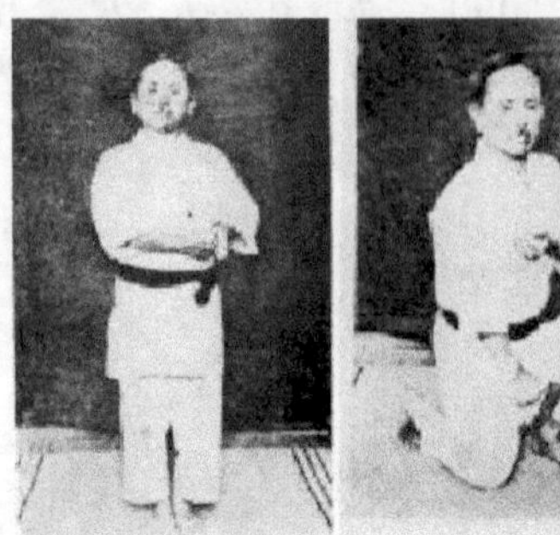
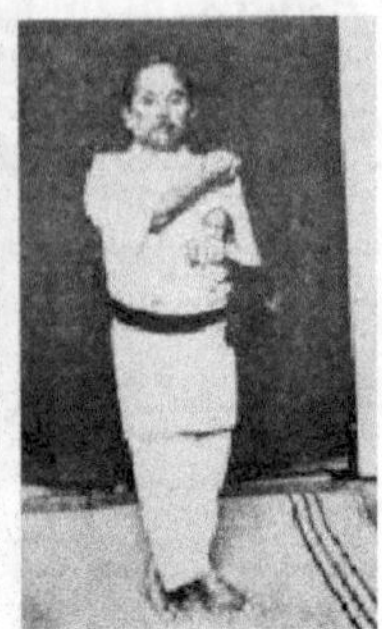

Hacia el final del *kata*, hay un salto, el cual también tiene una aplicación oculta. Como expliqué con el de Heian Godan, el salto de Enpi también es una técnica de proyección. El *kokutsu shuto uchi* derecho es el último movimiento de verdad, en el que se le dirige un golpe al atacante, que acaba de ser tirado al piso. El siguiente movimiento, que es un paso hacia atrás en un *kokutsu dachi* izquierdo con un *shuto uke*, no es una técnica de bloqueo, sino un movimiento *zanshin* realizado al alejarse del atacante caído.

Jion (慈恩)

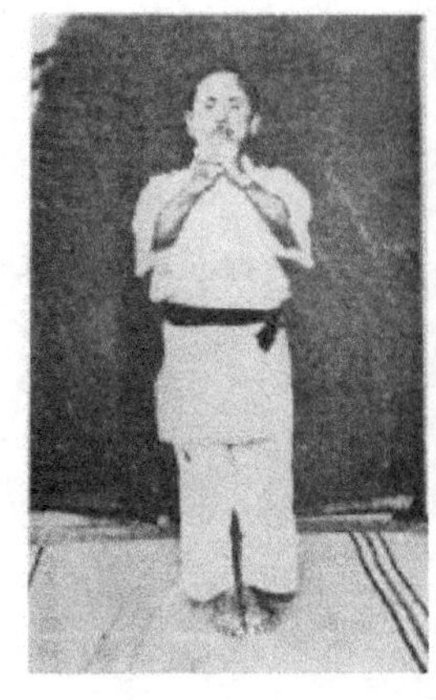

El primer movimiento es parecido al de Heian Sandan. El *bunkai* del video de la JKA muestra un doble bloqueo contra un adversario que ataque con un doble golpe o con un golpe y una patada al mismo tiempo. Es mejor interpretar este movimiento como una técnica de torsión de brazo contra un atacante que te agarre de los hombros. También es común que se considere una posición de *kamae* antes de una pelea.

El último movimiento obviamente es un *chudan zuki*

derecho, el cual es un ataque.

Jutte (十手)

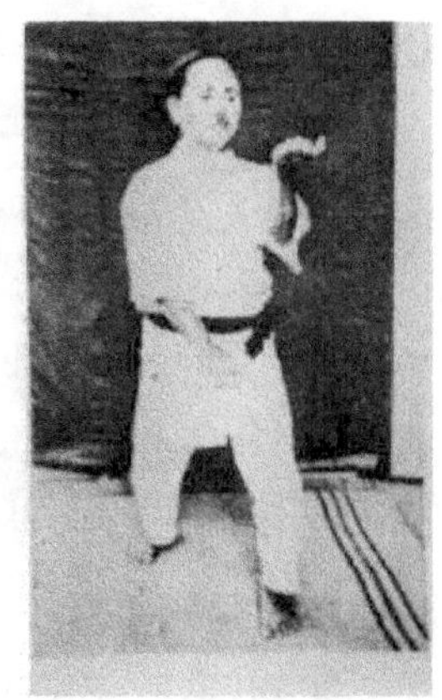

Este *kata* fue creado a base del concepto de pelear contra adversarios que tengan varas. Es difícil interpretar las aplicaciones hoy en día, puesto que este *kata* ya no se enseña en ese contexto. Ha sido cambiado para que las técnicas se puedan utilizar contra adversarios que no tengan armas.

El primer movimiento es un *maki otoshi uke* ('bloqueo de torsión en descenso') y, efectivamente, bloquea la vara del adversario para agarrarla y quitársela.

Los últimos movimientos son una serie de *jodan age uke* pero, en realidad, no se aplican como *age uke* al pelear contra un adversario que tenga vara. Los puños están cerrados, pero sostienen una vara, y la verdadera posición de los puños es parecida a la que se encuentra en Meikyo (un puño cerca de la frente y el otro adelante en *gedan*). Esta supuesta secuencia de técnicas de *age uke* es, en realidad, una técnica disfrazada en la que se utiliza una vara para atacar el pie y tirar al adversario.

Hay muchos otros *kata* bien conocidos, pero creo que aquí he elegido suficientes ejemplos como para demostrar mi posición. Después de revisar todos estos *kata*, debemos preguntarnos por qué los maestros del Shotokan, incluido Funakoshi Sensei, estuvieron de acuerdo con la afirmación de que "todos los *kata* comienzan y terminan con técnicas de bloqueo". Hasta donde yo sé, hay por lo menos tres razones o causas diferentes de este mito.

Razón 1

Para entender la primera razón, tenemos que ver la historia del Shotokan. A principios del siglo XX, Funakoshi Sensei tenía que propagar el karate en Japón. Era pobre y desconocido. Necesitaba un patrocinador en Japón para tener éxito, y esa persona fue Jigoro Kano (嘉納治五郎, 1860–1938 [foto a la derecha]), el fundador del *judo*.

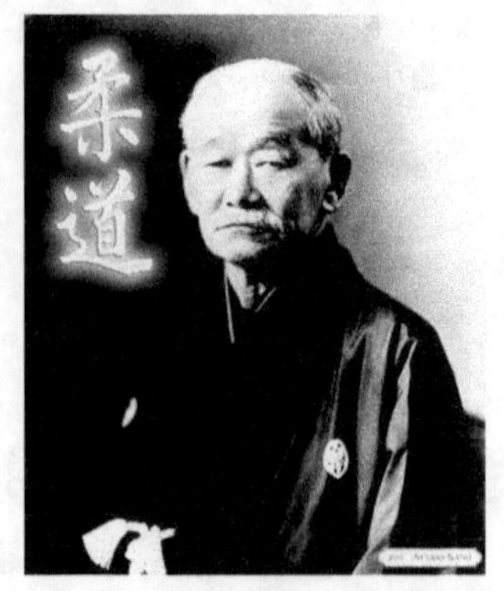

Después de observar una demostración de Funakoshi Sensei, Kano Sensei se quedó muy impresionado con sus técnicas de karate. De hecho, propuso que Funakoshi Sensei que se asociara con el Kodokan Judo (講道館柔道) y que formara parte de la organización. Funakoshi Sensei rechazó la oferta de manera diplomática, pero tenía que trabajar en estrecha colaboración con Kano Sensei, el cual tenía una extrema influencia en los campos de educación y deporte en Japón. Puesto que dominaba bien el inglés, Kano Sensei era un representante oficial del comité olímpico enviado a reuniones en Europa a principios del siglo XX.

Como ya saben la mayoría de los lectores, el *judo* provino del *jujutsu*. Kano Sensei le quitó algunas de las técnicas explícitamente peligrosas al *jujutsu* para hacer que el *judo* fuera más seguro y más atractivo para el público. La mayoría de las técnicas que omitió Kano Sensei fueron los golpes y patadas que eran producto del combate mano a mano de la época feudal de los siglos XIII y XIV. Funakoshi Sensei no quería pintar el karate como una amenaza para el *judo*. Así que le presentó a Kano Sensei el concepto de que todo *kata* comenzaba y terminaba con técnicas de bloqueo; por lo tanto, el karate era un arte marcial muy "defensivo".

Razón 2

Después de la Segunda Guerra Mundial, el ejército de ocupación les prohibió a los japoneses practicar cualquier tipo de artes marciales. Consideraban que el espíritu *samurai* era la razón por la cual las fuerzas militares de Japón habían peleado con tanta ferocidad. (Los pilotos *kamikaze* nunca se rendían; antes preferían realizar actos de *harakiri*, ataques *banzai*, etc.) Creían que el entrenamiento de artes marciales fomentaría hostilidades contra el ejército de ocupación.

Sin embargo, a finales los cuarenta, Funakoshi Sensei y algunos otros maestros de karate se dirigieron al cuartel general y pidieron que se permitiera el entrenamiento de karate. Repitieron esta misma afirmación, es decir, que el karate era un arte marcial muy defensivo y que la prueba era que todo *kata* comenzaba y terminaba con técnicas de bloqueo.

Razón 3

Hay otra razón por la cual algunos de los *sensei* japoneses de hoy siguen repitiendo públicamente este mismo mito. La siguiente razón puede ser controvertida, y puede que algunos instructores japoneses no estén de acuerdo para nada, pero la afirmación de que "todos los *kata* comienzan y terminan con técnicas de bloqueo" muchas veces se usa porque, desafortunadamente, el karate tiene una mala imagen en Japón.

Cuando el karate fue introducido por primera vez en Japón desde Okinawa hace casi cien años, el público japonés no sabía nada de este arte. El karate era visto como una habilidad explícitamente peligrosa. Cobró una imagen parecida en EE.UU. inmediatamente después de la Segunda Guerra Mundial, cuando los soldados estadounidenses lo llevaron a su país. Algunos practicantes (particularmente los malos) usaron esta imagen equivocada para aparentar ser practicantes más potentes o amenazadores. Solían jactarse de sus habilidades y ayudaban a difundir esta imagen equivocada en los primeros días del desarrollo del karate.

Antes de la Segunda Guerra Mundial, había una película popular llamada *Sugata Sanshiro* (姿三四郎 [Toho Studios, 1943]), en la que el personaje principal es un

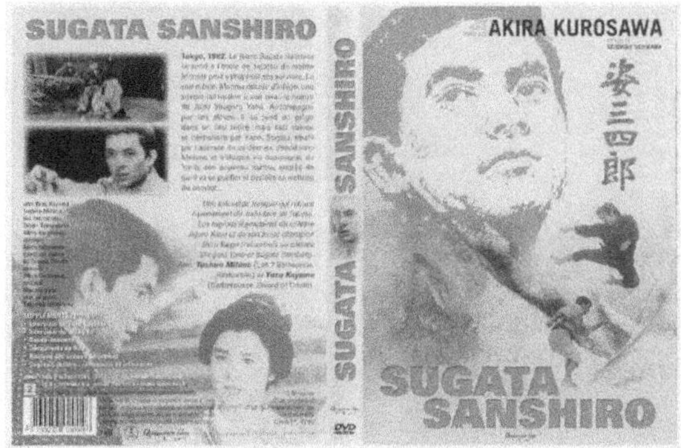

experto en el *judo* que tiene un duelo con un practicante del karate de aspecto desaliñado y poco saludable. El practicante del karate utiliza técnicas “injustas” y “hace trampa” (para enfatizar su mal carácter), pero, al final, gana el practicante del *judo*. Era una película típica del bueno contra el malo, pero definitivamente le dio mala fama al karate.

En los ochenta y noventa, los torneos de karate de contacto completo se hicieron muy populares en Japón. El público llegó a ver muchos puños golpeados y caras sangrientas en la tele. Estas imágenes definitivamente le dieron al público una mala impresión del karate, aunque a algunos jóvenes les parecía genial. Además, hubo unas cuantas muertes accidentales desafortunadas en algunos de los clubes de karate universitarios. Aunque estos accidentes no eran frecuentes, la gente se hizo la idea errónea de que el karate era un arte marcial explícitamente peligroso.

Con todos estos conceptos erróneos del karate, no se puede culpar a aquellos *sensei* por haber enfatizado la parte defensiva del karate y haberle recalcado al público sus aspectos pacíficos.

Independientemente de las razones, es un hecho oculto que los *kata* que practicamos no necesariamente comienzan —y nunca terminan— con un *uke waza*. Espero que, al saber esto, nuestra actitud mental al principio y al final de los *kata* sea diferente a la que teníamos cuando pensábamos que estas técnicas eran sólo bloqueos.

Capítulo ocho
第八章

Regresar al punto inicial
形は開始所定地に戻る

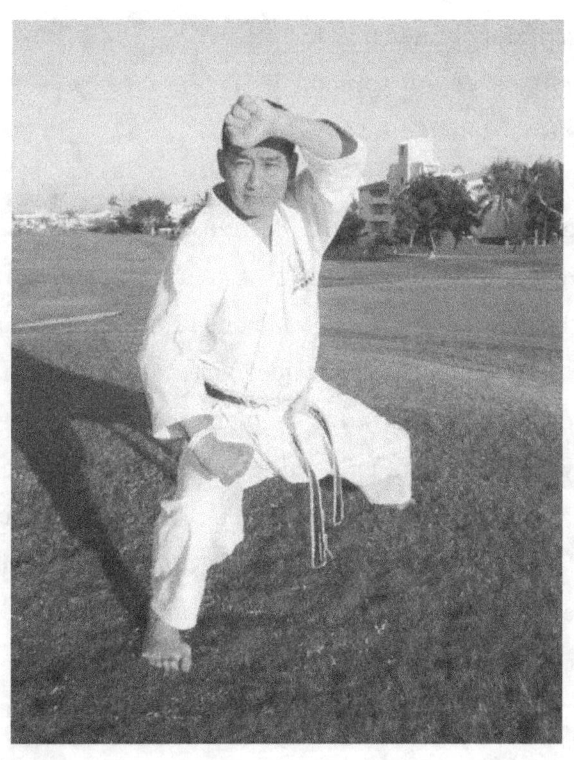

Al ejecutar un *kata*, ¿de verdad es obligatorio volver al punto exacto donde empezamos? Casi puedo escuchar tu respuesta: "Sí, así dijo Nakayama Sensei en *Best Karate*". Tienes toda la razón. Él enumeró estos seis puntos importantes para los *kata* en ese famoso libro:

1. Orden correcto
2. Principio y fin
3. Significado de cada movimiento
4. Conciencia del blanco
5. Ritmo y tiempo
6. Respiración correcta

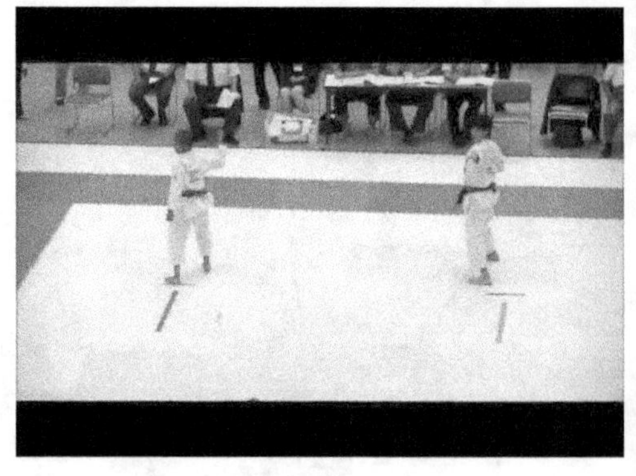

Respecto al punto 2 de la lista anterior, afirmó claramente: "Los *kata* deben comenzar y terminar en el mismo punto del *enbusen*. Esto requiere de práctica". Si compites en un torneo, éste es un requisito absoluto, ¿no? La foto a la derecha muestra el piso típico de un torneo con el punto inicial/final visiblemente marcado. Si fallas por, digamos, tres pies (un metro), estoy seguro de que esos árbitros tan meticulosos le quitarán unos cuantos puntos a tu presentación.

¿Alguna vez te has preguntado por qué existe tal requisito? Nakayama Sensei no explicó la razón en su libro. Quizás simplemente sea algo natural, y a lo mejor piensas que estoy perdiendo el tiempo al preguntar esto. Pero le he dado muchas vueltas al asunto, y me ha entrado la locura de investigarlo durante muchos años. Me daba curiosidad saber si los creadores de los *kata* (por ejemplo, Itosu y sus *kata* Heian) realmente diseñaron todos los *kata* para que quien los realizara siempre volviera al punto inicial.

Después de mucha investigación y muchas preguntas directas, he llegado a la conclusión de que éste no es el caso. Alguien cambió la regla y creó este nuevo requisito de volver al punto inicial exacto. Quería averiguar quién estaba detrás de esto y cuáles eran las razones. Esto es un misterio, y aquí deseo compartir contigo mis descubrimientos y mi teoría respecto a este misterio.

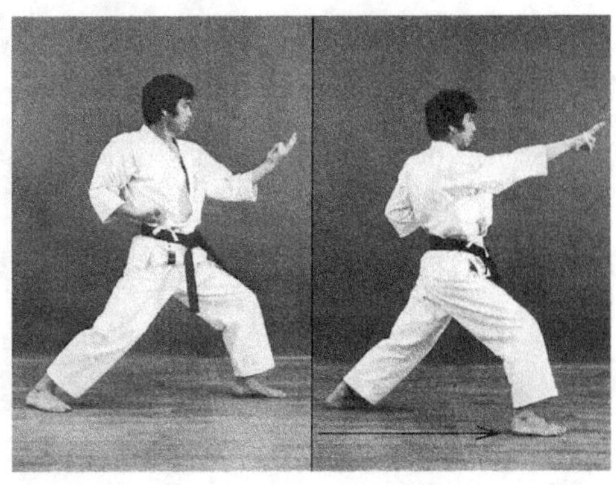

Si tienes un grado de *nidan* o un grado superior, has de haber aprendido Chinte (珍手), y puede que este *kata* sea tu *kata* de competencia, sobre todo si eres mujer. Sabemos que éste es un *kata* muy singular —*chinte* significa literalmente 'mano única' o 'mano extraña'— pero ¿te das cuenta de que su final (tres saltos hacia atrás) también es muy singular (extraño)? He investigado durante muchos años y les he preguntado a muchos *sensei* sobre estos tres pasos finales. Durante mucho tiempo, nadie me podía dar un *bunkai* creíble para estos movimientos únicos con los pies en posición de *heisoku dachi* y las manos unidas. Había sido un gran misterio para mí, ya que no alcanzaba a entender el significado de estos saltos extraños.

A continuación se encuentra lo que he descubierto en el proceso de investigación. Un *sensei* japonés, cuyo nombre no puedo revelar, me dijo que era para el entrenamiento de equilibrio. Sí, efectivamente es difícil mantener el equilibrio con los pies y las manos unidos. Pero, si te pones a pensar, simplemente no tiene ningún sentido, ya que todavía te preguntas por qué los colocaron al final del *kata*. Después de la ejecución final de una técnica de *kime* (aquí el *gyaku zuki* derecho a *chudan* con un *kiai*), podemos esperar un movimiento *zanshin* como se ve en el último paso de Enpi. Sin embargo, ¿para qué se realizarían tres saltos inestables hacia atrás como un movimiento *zanshin*? Aunque te convenza esta idea de tener un movimiento para el equilibrio aquí, ¿para qué saltar con los dos pies juntos? Saltar con un pie sería más como un movimiento de artes marciales (como el *tsuru ashi dachi* de Gankaku). Por mucho que considere la posibilidad, no me convence esta teoría.

Otro *sensei*, un estadounidense, me dijo que se trataba de escaparse hacia atrás con los pies y las manos atados. Hmm, interesante. Pero, con toda honestidad, al escuchar esto, casi solté una carcajada. Me moría por soltar la risa, pero no quería ser grosero con él, ya que lo había dicho con toda seriedad. Respondí con una pregunta natural: "¿Por qué o cómo terminaría uno con los pies y las manos atados en ese momento dentro del *kata*?". Desafortunadamente, no tenía respuesta a esa pregunta.

Otra explicación fue que este movimiento consistía en una técnica de jalar y derribar al atacante. Creo que esto fue demostrado por uno de los instructores japoneses de la JKA en Europa. Después de golpear tu propia mano izquierda (la cual representa un blanco imaginario) con el puño derecho, agarras al atacante con las dos manos y lo jalas hacia ti mismo. Luego, sigues jalando al atacante en lo que das los tres pasos para derribarlo.

La persona que me dio esta información dijo que la demostración era muy convincente. Sí, esa aplicación es factible y quizás sea razonable. Pero mi pregunta respecto a esta explicación fue ésta: "¿Por qué se realiza saltando con los pies juntos?". Sí, soy consciente de que algunos de los movimientos de los *kata* están disfrazados. Un buen ejemplo son los saltos de Enpi y de Heian Godan. Éstos no son saltos para evitar un golpe de vara contra la parte inferior de las piernas, como se cree comúnmente, sino que son técnicas de proyección. Sin embargo, ¿cómo explicas el motivo de los tres saltos? Recuerda que la técnica justo antes de estos saltos es un *gyaku zuki* con *kime* (simbolizado por un *kiai*), lo que significa que esta técnica debería derribar al atacante. Entonces, ¿para qué un practicante arrastraría al atacante tres veces si ya cayó? Incluso con una demostración tan convincente, esto no puede explicar completamente la idea detrás de estos saltos.

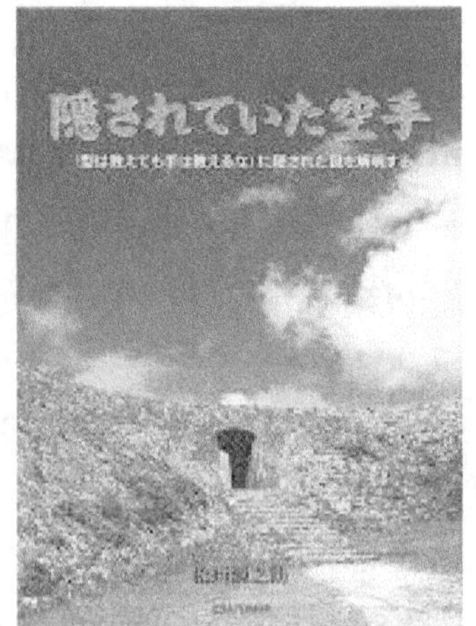

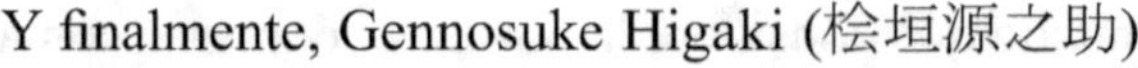

Y finalmente, Gennosuke Higaki (桧垣源之助),

otro *sensei* japonés y autor del famoso libro *Hidden Karate* (隠されていた空手 [Champ, 2006]), respondió a mi pregunta. Explicó que esos pasos fueron introducidos para regresar al practicante al punto original. Al leer su carta, me dije a mí mismo: *Sí, ésta tiene que ser la respuesta correcta*. Aunque no confío mucho en la información de *Wikipedia*, haré otra excepción, ya que se me hace interesante la afirmación que encontré en su artículo en inglés con respecto a Chinte (texto traducido):

> Algunos creen que los tres últimos movimientos, una serie de saltos hacia atrás, fueron introducidos para regresar el *kata* al punto original a fin de facilitar la competencia porque no están presentes en las otras versiones del *kata* practicadas por otros estilos de karate japonés.

Para verificar esto, revisé este *kata* en algunos otros estilos, a saber, el Shito Ryu y el Okinawa Kyudokan (沖縄究道館). En el Shito Ryu, el nombre del *kata* se lee como *Chinte* o *Chintei*, y a veces también se llama *Shoin* (松陰). En el Kyudokan, se lee como *Chinti*. Efectivamente, estos *kata* no tienen los tres saltos al final. Si estás interesado en ver estos *kata*, puedes encontrar los videos en *YouTube*.

Quisiera compartir un viejo recuerdo mío respecto a este tema. Esto sucedió a finales de los setenta. Sal Lopresti Sr., un viejo amigo mío en el ámbito del karate —ahora tiene el grado de séptimo *dan* y es el instructor principal de Shotokan Karate Jutsu International en New Jersey (www.shotokankaratejutsu.com/home.html)— ejecutó Chinte en la última ronda del Campeonato de la Costa Este llevado a cabo por la ISKF/JKA. Recuerdo claramente este incidente porque me perturbó mucho. Observé que le descontaron puntos por haber hecho cuatro saltos en vez de tres. Por supuesto, en aquel entonces, yo no sabía el verdadero significado de estos saltos, pero aun así se me hizo injusto perder un punto sólo por haber hecho un salto adicional. Su ejecución del *kata* estuvo excelente, pero Sal perdió el primer lugar a causa de este "error". Recién me comuniqué con él sobre este incidente, y me dijo que ciertamente lo recordaba muy bien y con algo de amargura.

En el capítulo anterior, escribí sobre varios *kata*, incluidos Bassai Dai, Kanku

Dai, Gankaku, Enpi, etc., pero excluí a Chinte debido a este final en particular. Esto lo hice intencionalmente porque quería tratar este tema controvertido en un capítulo aparte, o sea, éste.

Bueno, ya he hablado lo suficiente de Chinte. Podemos ver otro caso, los *kata* Heian que todos creemos conocer muy bien. Al revisar el Pin'an Nidan de Okinawa (el Heian Shodan del Shotokan), descubrí que había habido un cambio en los cuatro últimos pasos de Heian Shodan, es decir, las técnicas de *kokutsu dachi* y *shuto uke*.

Después del último *chudan oi zuki* (con *kiai*), das una vuelta de 270 grados en sentido antihorario, girando sobre el pie derecho. Terminas en un *kokutsu dachi* izquierdo con un *shuto uke*. El ángulo de esta rotación es el punto clave. En el *kata* de Okinawa, haces una rotación de sólo 225 grados.

El siguiente paso del *kata* del Shotokan es un paso adelante con el pie derecho y un *kokutsu dachi* derecho más o menos a las 10:30 con un *shuto uke*. Sin embargo, el *kata* de Okinawa sólo tiene un paso directamente hacia adelante.

Como sabemos, el penúltimo paso del *kata* del Shotokan es una rotación de 135 grados en sentido horario. Ésta es una rotación de 90 grados en sentido horario en el *kata* de Okinawa. El último paso del *kata* del Shotokan es un paso adelante con el pie izquierdo y un *kokutsu dachi* izquierdo más o menos a la 1:30, pero es otro movimiento directamente hacia adelante en el *kata* de Okinawa.

Pinan Nidan Kata

NOTE: This shows the basic pattern and is NOT drawn to scale.
The drawing is only to give an idea of the general directions in which the body moves.
The dot represents the starting point as you face the top of the drawing.

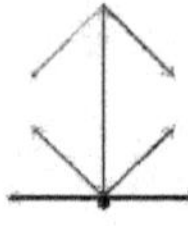

Es obvio que los pasos originales que se encuentran en el *kata* de Okinawa darán como resultado una posición final diferente. Con el *kata* de Okinawa, fácilmente puedes adivinar que terminarás a uno o dos pasos delante del punto inicial. Fíjate en este video del Pin'an Nidan del Shorin Ryu de Okinawa: www.youtube.com/watch?v=KbRjp5Ahc04.

Todos los practicantes serios del karate Shotokan deben ver cómo Heian, el *kata* fundamental y central del Shotokan, se ejecutaba en su forma original. Vemos claras diferencias en las posturas, pero hay más distinción en la forma en que se utilizan las caderas. Esto se llama *muchimi* (餅身), que literalmente significa 'cuerpo de pastel de arroz'. Puesto que éste no es el tema de este capítulo, no profundizaré en este aspecto único del karate de Okinawa, cosa que se ha perdido en el karate Shotokan moderno.

No hay constancia de quién les hizo los cambios a estos cuatro últimos pasos o de cuándo se hicieron. También se les hicieron los mismos cambios a los cuatro últimos pasos de Heian Nidan (es decir, la secuencia de *zenkutsu dachi gedan barai* y *jodan age uke*). Heian Sandan, Yondan y Godan no comparten el mismo problema debido a sus patrones de movimiento originales.

Esto ciertamente es un misterio. Pero hay otro misterio con Heian Shodan. Como sabrás, el Heian Shodan original se llamada *Heian Nidan* y viceversa. Por lo tanto, alguien cambió el orden de estos dos *kata*. No se sabe muy bien ni hay constancia de quién cambió el orden de Shodan y Nidan. Pero, obviamente, el Heian Shodan original (nuestro Nidan) se les hacía muy difícil a los principiantes. Pienso revelar mi teoría al final de este capítulo. Independientemente de quién haya cambiado estos cuatro pasos y el orden de Shodan y Nidan, ciertamente puedo decir que la persona lo hizo con la clara intención de corregir algo.

Veamos cómo los practicantes de la Shotokai ejecutan Heian Shodan. He aquí el URL: www.youtube.com/watch?v=RHz0hPUxeS0.

Este video se grabó a principios de los setenta. Como puedes ver en el video, el patrón de los pasos de Heian Shodan es idéntico al de la JKA. El fundador de la Shotokai, Shigeru Egami, empezó a aprender karate bajo Funakoshi en 1933 en la Universidad de Waseda. La Shotokai es muy conocida por su estricta fidelidad a las enseñanzas de Funakoshi, y a Egami nunca se le habría ocurrido cambiar los *kata* de Funakoshi. Así que supongo que Heian Shodan se ha practicado con ese patrón de pasos desde por lo menos el principio de los treinta.

Durante los siglos que antecedieron al siglo XX, el arte del karate sólo se enseñaba de forma individual en Okinawa. En otras palabras, un *sensei* sólo tenía uno o dos estudiantes en cualquier momento determinado. Un buen ejemplo de esto es el caso de Funakoshi, en el que era el único estudiante de Anko Azato (安里安恒, 1827–1906). Cuando se considera el ambiente de enseñanza individual, es evidente que se le corregiría al estudiante inmediatamente si omitiera algún paso. Estoy seguro de que el instructor le pondría más atención al ritmo, tiempo, rapidez, fuerza y movimiento integral del cuerpo del estudiante que a su habilidad de regresar o no al punto inicial. El punto final del *kata* del estudiante habría tenido una prioridad muy baja en un ambiente de instrucción individual.

En Okinawa, el entrenamiento en clases grandes sólo comenzó a principios del siglo XX, después de que el karate se había convertido en uno de los cursos de educación física de las escuelas preparatorias (1901). Itosu estuvo detrás de la introducción del karate en las escuelas públicas de Okinawa y ha de haber creado la serie de *kata* Heian a finales del siglo XIX con estos fines educativos. El *kata* Heian fue adoptado para la enseñanza de clases grandes de educación física en 1904.

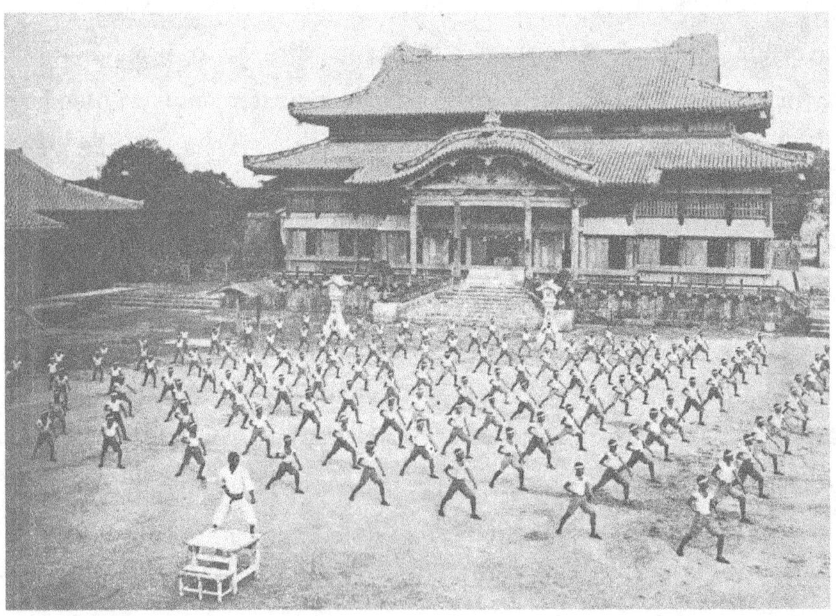

Algunos alumnos de educación física de una preparatoria de Okinawa participan en un entrenamiento masivo del *kata* Heian en esta foto histórica delante del castillo de Shuri a principios del siglo XX.

También vale la pena estudiar más a fondo, examinando cómo los practicantes del Shito Ryu ejecutan los *kata* Pin'an (Heian). He aquí un video de Pin'an Nidan (nuestro Heian Shodan): www.youtube.com/watch?v=vE0lAyVMkDI.

El Shito Ryu es un estilo hermano del Shotokan (que comparte el linaje de Itosu en sus raíces). El fundador de este estilo fue Kenwa Mabuni (摩文仁賢和, 1889–1952), quien aprendió el Shuri Te de Itosu y el Naha Te de Kanryo Higaonna (東恩納寛量, 1853–1915). Higaonna era el *sensei* de Chojun Miyagi, el fundador del Goju Ryu. Después de mudarse a las islas principales de Japón en 1929, Mabuni fundó el Shito Ryu en Osaka en 1934.

El Shotokan y el Shito Ryu comparten muchos *kata* con los mismos nombres. Sin embargo, los movimientos se realizan de una manera bastante diferente. Es un tema interesante la comparación de las diferencias en la ejecución de las técnicas entre los dos estilos, particularmente las posturas, los movimientos de brazos y las patadas.

Lo que es interesante del Pin'an Nidan de Shito Ryu (nuestro Heian Shodan) es que no cambiaron las direcciones de los cuatro últimos movimientos, sino que los mantuvieron en su forma original. En lugar de eso, cambiaron las direcciones de los cuatro movimientos después del primer *kiai* (es decir, la secuencia de cuatro *kokutsu dachi shuto uke*). Al hacer esto, el practicante terminará a una distancia de un paso más cerca del punto inicial, cosa que, como resultado, compensa la distancia del paso que se da en sentido contrario, resultante de los cuatro últimos movimientos.

Básicamente han hecho lo mismo que ha hecho el Shotokan moderno, es decir, modificar este *kata* básico del método original de Okinawa para que el practicante regrese al punto inicial. Supongo que Mabuni implementó este cambio después de haberse mudado a Japón. Me imagino que Funakoshi, habiéndose mudado a Japón varios años antes que Mabuni, le contó de esta idea, la cual le había servido mucho con la enseñanza de los estudiantes japoneses. Además, el establecer un punto inicial también funcionó muy bien una vez que iniciaron las competencias de *kata*.

Encontrarás otro factor interesante al ver los *kata* del *wushu* o del *kung fu*.

Aunque no soy experto en el estudio de los estilos chinos, basado en las varias docenas que he visto, noto que algunos de estos *kata* no terminan en el mismo punto en el que comienzan. En algunos casos, el practicante termina muy lejos del punto inicial, y a veces incluso termina mirando en diferentes direcciones. Puesto que los antiguos *karateka* de Okinawa aprendieron los *kata* de los instructores de *kung fu*, no es posible que este concepto que estamos tratando haya provenido de las influencias del *kung fu*.

Después de evaluar todos los factores que he mencionado anteriormente, concluyo que los antiguos creadores de los *kata* de Okinawa no habrían considerado que fuera esencial o necesario que el practicante regresara al punto inicial exacto del *kata*.

Entonces, ¿quién fue el responsable de este cambio fundamental de los movimientos originales de los *kata* Heian a las formas actuales? ¿Habrá sido Itosu, ya que fue el que creó los Heian para la educación pública? Podemos deducir que Itosu no cambió el orden de Shodan y Nidan. Puedo decir esto porque el Shito Ryu mantuvo el orden original de Shodan y Nidan. Si Itosu hubiera cambiado los nombres, entonces su discípulo Mabuni, el fundador del Shito Ryu, habría hecho lo mismo, así como lo había hecho el Shotokan.

¿Y los cuatro últimos pasos de Heian Shodan y Nidan? ¿Cambió Itosu estos pasos para que fueran más adecuados para la enseñanza en grupos grandes? Si Itosu fuera la persona que cambió los pasos, entonces el Shorin Ryu de Okinawa tendría los mismos pasos. Pero no los tiene. Y no es muy creíble que Itosu le haya dicho solamente a Funakoshi que hiciera esos cambios.

A estas alturas, me imagino que el lector ya habrá adivinado quién fue. Con todos los factores que lo señalan y el hecho de que era un educador nato (un maestro de preparatoria hasta que se mudó a Tokio), Funakoshi tiene que ser la persona que inventó y efectuó estos cambios, creyendo que les ayudarían a los estudiantes japoneses, particularmente en el área de la autoformación. Creo que esto se hizo originalmente sólo con fines educativos (metodología de enseñanza). Obviamente, Shodan es un *kata* mucho más sencillo que Nidan, el cual tiene muchas técnicas avanzadas, incluida una patada.

Entonces, ¿por qué Itosu estableció a Heian Nidan como el primer *kata*? Esto también es un pequeño misterio, pero esto es lo que pienso. Si te pones a examinar detenidamente a Heian Nidan, te darás cuenta de lo mucho que se parece a Kanku Dai. Itosu ha de haber pensado que la versión simplificada de Kanku Dai debería ser el primer *kata* para la educación pública. Esta idea se entiende desde la perspectiva de un artista marcial, pero Funakoshi, como antiguo profesor de preparatoria, creía que se les haría mucho más fácil a los estudiantes de preparatoria y de nivel universitario aprender Heian Shodan como el primer *kata*. Por lo tanto, invirtió el orden de estos dos *kata*.

Dicho sea de paso, recién me encontré con un libro que respaldaría mi hipótesis. El libro se llama *Karate: Pin'an Katas in Depth* (Empire Books, 2006) y fue escrito por Keiji Tomiyama, quien reside en el Reino Unido. En su introducción (páginas 1–4), Tomiyama afirma: "Debido a este hecho, la práctica general es la de enseñarles a los principiantes primero Nidan y luego Shodan. El maestro Gichin Funakoshi, fundador del estilo de karate Shotokan, en realidad, cambió las posiciones de estos *kata* y les cambió el nombre". Tomiyama es del estilo Shito Ryu, así que no sé cómo llegó a conocer las acciones históricas de Funakoshi, pero me alegró encontrar esta afirmación.

¿Y los cuatro últimos pasos de Shodan y Nidan? Como he explicado anteriormente, estos cambios fueron implementados para que los principiantes pudieran comprobar por sí mismos si habían realizado correctamente los pasos. Si el estudiante no omitiera ningún paso, y todos los pasos se ejecutaran con una medida uniforme y en las direcciones correctas, volvería al mismo punto en el que había comenzado.

Entonces, ¿a quién más se le habrá ocurrido un cambio tan inteligente? A nadie más que a Funakoshi. He aquí un párrafo muy interesante y revelador de *Karate Do Kyohan* (de la sección "Línea de movimiento" en la página 41). El párrafo es un poco largo, pero quisiera citarlo aquí:

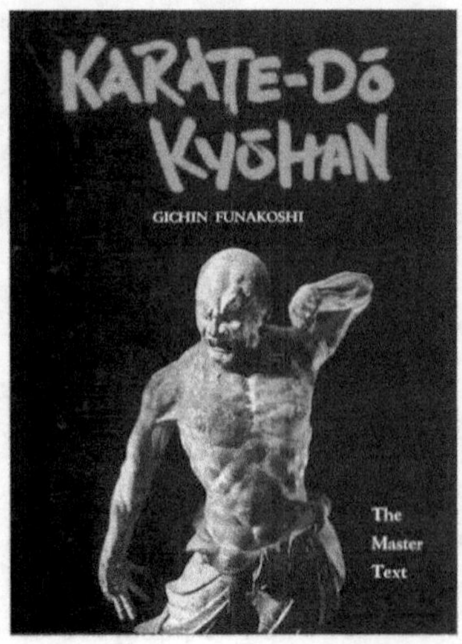

"Lo que salga tiene que volver": en el karate, los puntos en los que uno comienza y termina el *kata* deben coincidir, y el incumplimiento de esta regla indica que se ha dado un paso incorrecto o que una variación en la medida de los pasos ha ocasionado una desviación de las posiciones correctas. Puesto que el karate depende en gran medida de la estabilidad de las caderas y no sólo del uso de los brazos, se debe practicar con especial esmero la medida de los pasos y las posiciones de los pies. Lo que salga regresará: a fin de facilitar la asimilación de esta regla, en cada figura que se refiera al *kata*, se indica la posición de los pasos correspondientes en relación con la línea de movimiento, y uno debe seguir estrictamente estos diagramas en la práctica.

No sé si él pensaba o si alguna vez se llegó a imaginar que este concepto de comenzar y terminar en el mismo punto se convertiría en un mantra que perseguiría no sólo al Shotokan, sino a todos los estilos tradicionales del karate después de su muerte.

Curiosamente, el primer campeonato nacional de la JKA se llevó a cabo en 1957, el año en que falleció Funakoshi. Este requisito se hizo cumplir estrictamente después de que las competencias se hicieron populares en los sesenta y setenta. Así que puedes descontar un punto si un competidor salta cuatro veces en Chinte.

Si estás muy motivado para ganar en un torneo, entonces no tiene nada de malo concentrarte en volver al punto inicial. Sin embargo, si eres un artista marcial —y espero que muchos de los lectores lo sean— tu deseo debe ser utilizar los *kata* según su propósito original: el de practicar las técnicas de combate. Entonces, estarás de acuerdo en que les debemos poner más atención a los aspectos verdaderamente importantes de los *kata*, como las posturas estables, el movimiento fluido del cuerpo, el equilibrio, la visualización del atacante, la aplicación eficaz de las técnicas, la fuerza, el ritmo, el tiempo y así sucesivamente.

Tanto la técnica final como la clausura al final del *kata* son extremadamente importantes. Has dado el golpe final y has sobrevivido a la batalla. En ese momento, quieres mantener ese sentimiento *zanshin*, donde debes tener una mente clara y alerta y una respiración normal y controlada hasta que hagas el último *rei* (礼, 'reverencia'). Al pasar por este proceso en ese momento esencial de la pelea, ¿qué tan importante es pensar en o preocuparte por dónde vas a dar el último paso? ¿Acaso no sería lo último que se te ocurriría?

Si estás interesado en ver más sobre el karate Shorin Ryu, aquí se encuentra un video en japonés con subtítulos en inglés: www.youtube.com/watch?v=CfND0Nwrc3E.

Si estás interesado en ver otros temas del karate de Okinawa, he aquí un video en inglés: www.youtube.com/watch?v=F15m9R2Zi2o.

Capítulo nueve
第九章

Kata misterioso Tekki Shodan parte I
鉄騎初段の不思議　パート1

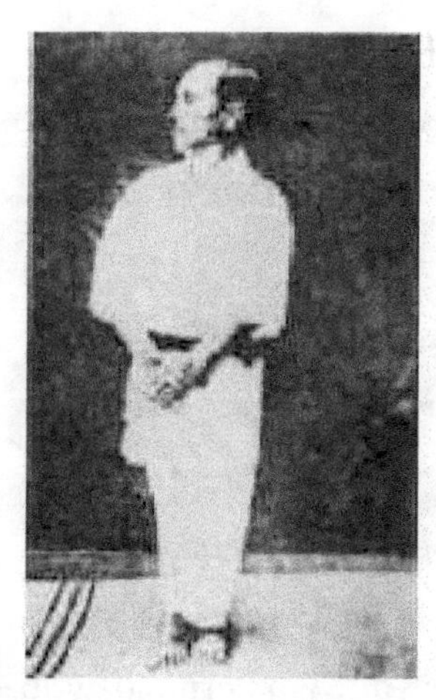
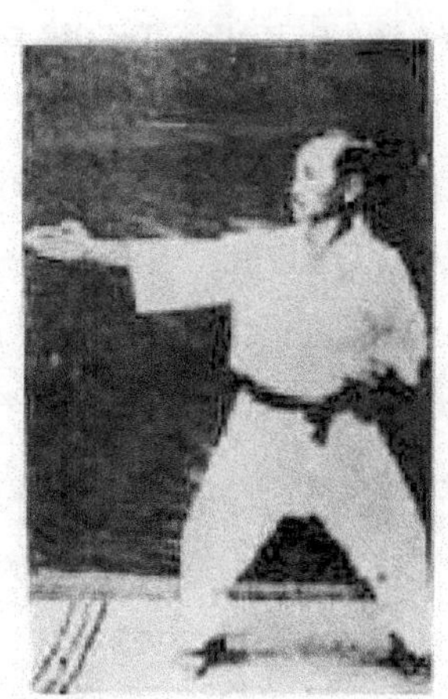
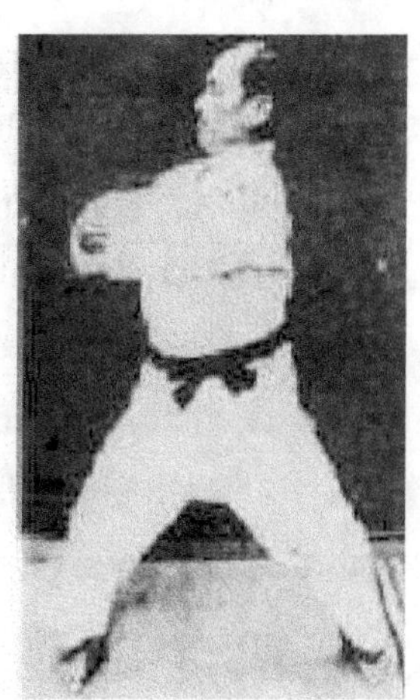

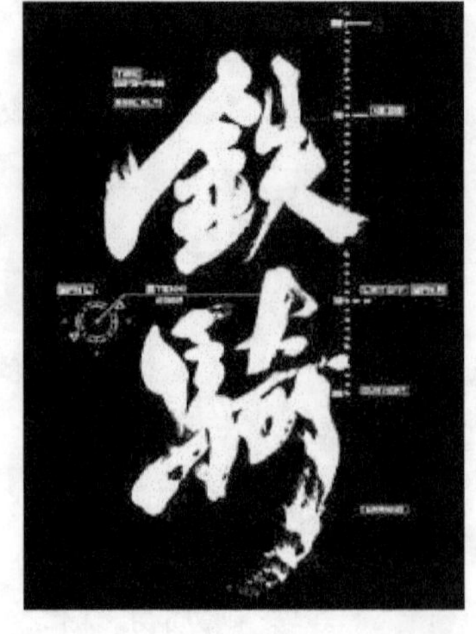

Al pensar en Tekki, lo más seguro es que pienses en dos características únicas: el *kiba dachi* y el movimiento exclusivamente lateral. Muchos lectores a lo mejor se han preguntado sobre las razones de la singularidad de este *kata*. A lo mejor también se te hace difícil entender cómo convertir en aplicaciones las técnicas de este *kata*. Además, te mueves como cangrejo, y es posible que te parezca aburrido este *kata*.

Déjame decirte que llevo más de cincuenta años practicando el karate Shotokan, y me he dado cuenta de que Tekki es un *kata* extremadamente valioso y útil entre los que he aprendido hasta ahora, incluidos los veintiséis *kata* de la JKA y unos veintiséis *kata* adicionales de Asai. Es cierto que éste es el único *kata* de la JKA con un *enbusen* (演武線) que es lateral, pero hay dos *kata* más fuera de la JKA que tienen un *enbusen* lateral. Se llaman *Kibaken* y *Tekki Mugen*, y fueron creados por Asai Sensei.

Volviendo a Tekki, el *enbusen* definitivamente no es el único aspecto singular de este *kata*; hay muchos más. Al leer este capítulo, espero que descubras la sabiduría oculta y el ingenio incomparable del creador que diseñó este *kata*. Le tengo un tremendo respeto al creador, y me maravilla su ingenio.

Al comenzar las lecciones de karate, tu primer *kata* es Heian Shodan. Puede que algunos *dojo* enseñen el *kata* Taikyoku (太極) antes que Heian, pero Taikyoku es una versión simplificada de Heian, así que los considero del mismo grupo. Al aprobar tu examen de quinto *kyu* con Heian Godan, eres ascendido al cuarto *kyu*, a un paso de la cinta café. En esa etapa, aprendes Tekki Shodan, un *kata* muy distinto a todos los *kata* Heian. Muchos estudiantes de cuarto *kyu* se quedan perplejos y le preguntan al instructor de qué se trata este *kata*. Me temo que pocos instructores están capacitados para darles la explicación completa e integral que creo que los estudiantes merecen recibir.

En fin, después de aprobar el examen de tercer *kyu* y pasar a la cinta café, sospecho que básicamente te olvidas de Tekki. ¿No es cierto? Tienes la impresión de que necesitas pasar un *kata* "de verdad", Bassai Dai, el cual es más difícil y ha de ser más importante. Puedo escucharte decir: "Pasé tres meses practicando Tekki cuando era de cuarto *kyu*. Ahora tengo *shodan* —o *nidan* o cualquier grado que tengas— y mi maestro ya no espera que practique Tekki. Además, nunca veo que nadie ejecute este *kata* en ninguno de los torneos".

Lo que afirmas es cierto, pero no estoy diciendo que la tendencia actual sea buena o favorable. Sólo estoy diciendo que es la tendencia común y que muchos estudiantes tienen la impresión de que el *kata* Tekki no es importante. De hecho, yo sólo practiqué Tekki Shodan durante tres meses para aprobar mi examen de tercer *kyu*, pero practiqué Bassai Dai durante más de un año antes de mi examen de *shodan*.

Después de estudiar la historia del karate de Okinawa, descubrí que los estudiantes practicaban Tekki durante más de tres años, ya que no tenían el *kata* Heian antes de que lo inventara Itosu a finales del siglo XIX, hace un poco más de cien años. Al introducir el *kata* Heian, el tiempo destinado a Tekki Shodan se redujo de forma significativa. Además, cuando Funakoshi introdujo el karate en Japón, la importancia de este *kata* y la enseñanza de la misma no se enfatizaban al grado que se había hecho en Okinawa. Entonces, nos preguntamos por qué. Más adelante en este capítulo, trataré de presentar algunas ideas en cuanto a la razón por la cual el *kata* Tekki perdió su legítima posición de importancia en el Shotokan.

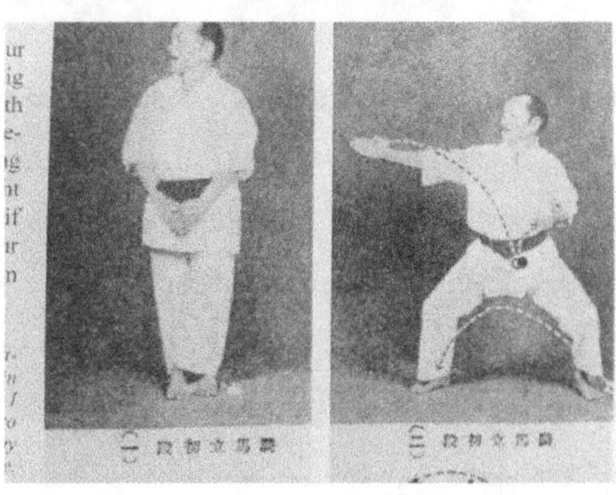

Originalmente, este *kata* se llamaba *Naihanchi* (ナイハンチ o 内歩進). (Nótese que hay muchos otros nombres parecidos en Okinawa, tales como *Naihanching*, *Naifanchi*, etc.) Funakoshi cambió los nombres de los *kata* de Okinawa a nombres que le quedaran más al estilo japonés, y escogió *Tekki* para éste. *Tekki* (鉄騎) literalmente significa 'jinete de hierro', y la razón por la cual eligió este nombre es obvia, ya que ha de haber querido que los practicantes acondicionaran las piernas para desarrollar una postura sólida y estable.

En cuanto al nombre original de este *kata* (*Naihanchi*), el significado cambia dependiendo de los caracteres chinos que le apliques. El origen de este *kata* no está claro; por lo tanto, lo más seguro es que incluso el nombre usado en Okinawa no sea el verdadero nombre de la versión original. Sin embargo, una cosa sí está clara, y es que *nai* (内) significa 'interno' o 'adentro'. El *kata* Tekki sí emplea muchas técnicas de combate a corta distancia, así que *nai* se ha de referir a estas técnicas.

Además, creo que hay más interpretaciones para *nai*. De hecho, hay por lo menos dos puntos más. Uno es el método de movimiento de las piernas que utiliza los músculos internos del muslo. Es lamentable que el *kiba dachi* moderno haya perdido su tensión interna, ya que ahora se describe como una postura externa. El mismo cambio se puede observar con el *kata* Hangetsu, lo cual explico en el capítulo 11: "Hangetsu". El primer movimiento de *heisoku dachi* a *kosa dachi* es un buen ejemplo de un movimiento de cruce de piernas que utiliza los músculos internos del muslo.

El otro significado de *nai* es una referencia a la tensión y la relajación de los músculos de la parte superior del cuerpo. Los detalles de esto se describirán en la última parte de este capítulo, así que déjame dar sólo un resumen aquí. Al estar en la postura muy fija de *kiba dachi*, se requiere que ejecutes las técnicas a la izquierda y a la derecha. No es muy difícil realizar una técnica del lado izquierdo con el brazo izquierdo o del lado derecho con el brazo derecho. Lo que lo hace difícil, cosa que sospecho que has descubierto en tus prácticas, es el tratar de realizar una técnica completa del lado izquierdo con el brazo derecho, lo cual requiere una rotación de la parte superior del cuerpo de por lo menos noventa grados (véase la foto de Funakoshi a continuación).

La línea de los hombros cruzará la línea de los pies en un ángulo recto. El mantener un *kiba dachi* perfecto durante la rotación es bastante difícil, por lo que la mayoría de la gente realiza un *kiba dachi* imperfecto con una rodilla (normalmente la del lado contrario) doblada hacia adentro. Los movimientos perfectos requieren un entrenamiento en la flexibilidad del abdomen y en el control de los músculos y órganos internos.

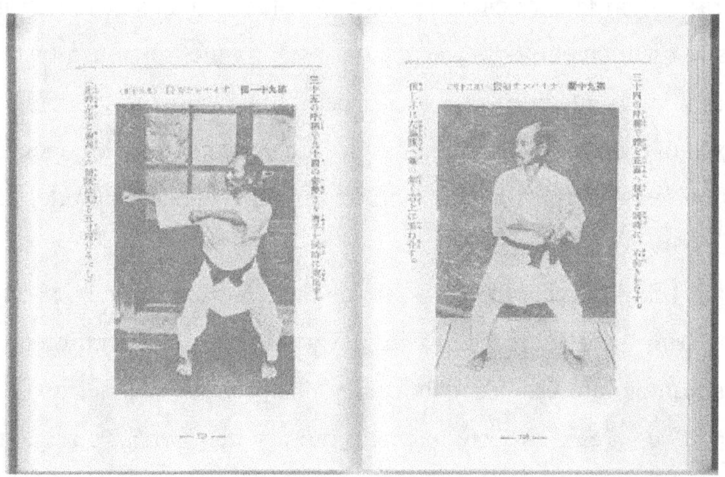

Hidden Karate, que es uno de los libros que mencioné en el capítulo anterior, destina su último capítulo al tema de Tekki. A continuación se encuentra la explicación de este *kata* que se da en dicha obra, junto con una traducción al español realizada por un traductor:

> この型は、騎馬立ちと交差立ちのみで、横一直線上を左右に移動する運足に特徴があります。今まで、どのようにして使うのか不明で、空手界最大の謎とも言われてきました。この型で学ぶ分解は、超接近法であり、相手のサイドや背後に回ることを学びます。写真の単独型は、現在の松濤館の鉄騎初段とは違いますが、船越義珍先生が最初の本で掲載されたナイハンチ初段を参考にしました。鉄騎として改変された交差受けの場所は、動作を大きくしてありますが、分解は一緒だと考えています。
>
> Este *kata* se caracteriza por su movimiento de pies que pasa de izquierda a derecha en una línea recta y lateral, utilizando sólo *kiba dachi* y *kosa dachi*. Hasta ahora, la forma de utilizar las técnicas ha sido desconocida; por lo tanto, se ha considerado uno de los misterios más grandes del mundo del karate. El *bunkai* que se aprende junto con este *kata* es un método de combate a corta distancia, y uno aprende a pasar al lado del atacante y ponerse detrás de él. El *kata* que aparece en las fotos es diferente al Tekki Shodan actual del Shotokan, pero yo me refería al Naihanchi Shodan publicado en el primer libro del maestro Gichin Funakoshi. Los movimientos del *kosa uke* modificado de Tekki han sido ampliados, pero creo que el *bunkai* es el mismo.

Quisiera evaluar la explicación y los comentarios dados en el párrafo anterior, los cuales son un buen punto de partida, pero siento que faltan algunas ideas clave. Al examinar mi presentación y recorrer el camino de la historia conmigo, le pido al lector que sea el juez y que decida qué es lo que tiene sentido. Independientemente de la decisión, espero que el lector disfrute del redescubrimiento del *kata* Tekki y aprecie este *kata* como se merece.

Creo que Tekki Shodan fue colocado de manera muy estratégica entre los *kata* Heian y los *kata* "verdaderos", Bassai Dai y Kanku Dai. Permíteme enumerar y resumir los puntos interesantes y únicos (y posiblemente misteriosos) que se encuentran en el *kata* Tekki. Al estudiar estos puntos, descubrirás por qué este *kata* se practicaba en las primeras etapas del entrenamiento de karate y se colocaba antes de Bassai Dai y Kanku.

1. *Kiba dachi* es la única postura utilizada en este *kata*.

Es cierto que este *kata* emplea solamente *kiba dachi* (anteriormente *naihanchi dachi*) a excepción del *kosa dachi* (交差立ち 'postura de piernas cruzadas') que se utiliza cuando el practicante pasa al lado izquierdo o derecho. Por eso muchos creen que este *kata* es un *kata* de entrenamiento para practicar *kiba dachi* y para fortalecer las piernas. Pero fíjate en el *naihanchi dachi* de Funakoshi que aparece en la página anterior. ¿Acaso parece estar realizando la postura muy baja que se nos ha enseñado a hacer últimamente?

La postura de él no es el *kiba dachi* que conocemos nosotros. Definitivamente es un *naihanchi dachi*, el cual parece una postura natural con un poco más espacio entre los pies. También notarás que las rodillas no están muy dobladas. No es que haya sido demasiado viejo —creo que todavía era joven, quizás de un poco menos de sesenta años— o demasiado flojo. Hubo una razón intencional por la cual se utilizó *naihanchi dachi* (que luego se convertiría en *kiba dachi*) en este *kata*. Explicaré más en la última parte de este capítulo, ya que éste es uno de los puntos principales del entrenamiento de este *kata.*

2. El *enbusen* es lateral.

Los tres *kata* Naihanchi (Shodan, Nidan y Sandan) se mueven sólo hacia los lados, y no se utiliza ningún paso hacia adelante o hacia atrás. Parece que la mayoría de las técnicas se ejecutan hacia los lados, aunque algunas se ejecutan hacia adelante. Por lo tanto, la mayoría de la gente supone que las verdaderas aplicaciones también se ejecutan de forma lateral, utilizando *kiba dachi*, y así es cómo muchos instructores enseñan el *bunkai.* No estoy de acuerdo con esta idea, ya que creo que la mayoría de las aplicaciones se deben ejecutar hacia adelante. Demostraré algunas de las aplicaciones más adelante en este capítulo bajo la sección "*Bunkai*".

3. El primer movimiento de cada *kata* se dirige hacia el lado derecho.

A diferencia de los cinco *kata* Heian, que siempre comienzan con un movimiento hacia la izquierda, los tres *kata* Tekki siempre comienzan con un movimiento hacia la derecha. Es un hecho conocido que Itosu creó los *kata* Heian a finales del siglo XIX. Antes de que se inventaran los *kata* Heian, los *kata* Tekki eran los primeros *kata* de los practicantes del Shorin Ryu (el ancestro del Shotokan) durante muchos años. Itosu creó los *kata* Heian porque el karate sería adoptado por la institución educativa de Okinawa a principios del siglo XX.

El Ministerio de Educación decidió incluir el karate como parte de la educación física regular de las escuelas primarias, secundarias y preparatorias. Al parecer, Itosu creía que los *kata* Tekki eran muy difíciles y sofisticados para una tarea así; por lo tanto, inventó los *kata* Heian, los cuales empleaban movimientos mucho más sencillos. Decidió que estos *kata* comenzarían con un movimiento hacia el lado izquierdo para que se equilibraran con los *kata* Tekki, los cuales comienzan con un movimiento hacia el lado derecho.

4. Se utiliza la patada *nami gaeshi*.

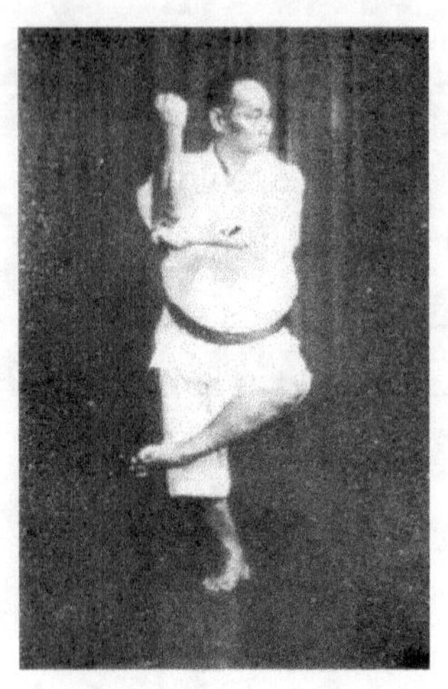

Ésta es una patada interesante y originalmente se me enseñó (erróneamente) que la aplicación consistía en bloquear un *gedan mae geri* con el movimiento rápido del pie. Durante muchos años, batallé con esta aplicación. No la podía realizar de manera eficaz y nunca he visto a nadie que pueda. Siempre le echaba la culpa a mi bajo nivel técnico o a mi incapacidad para ejecutar esta técnica.

Entonces, aprendí otras ideas de aplicaciones que tenían mucho más sentido. Una de ellas era la de *hiza kansetsu geri* (膝関節蹴り, 'patada contra la articulación de la rodilla'). Esta aplicación aparece en el libro *Hidden Karate*. Otra idea era la del barrido. La tercera opción era un *hiza uchi uke* (膝内受け, 'bloqueo interno de rodilla') contra un *mae geri*. Para *hiza uchi uke*, se utiliza la región entera de la rodilla y la espinilla para bloquear una patada frontal. Esta aplicación es demostrada a la perfección por Asai en el *bunkai* del *kata* Suishu, el cual se puede ver en este URL: www.youtube.com/watch?v=tV6cHs6WsJU.

Bunkai

La mayoría de los investigadores e instructores se esfuerzan mucho por describir de qué se trata este *kata* desde una perspectiva histórica, pero para el *bunkai*, no encontramos ninguna idea o explicación específica. Aquí quisiera compartir el *bunkai* que aprendí yo. Pero, antes que nada, quiero que quede bien claro que no estoy afirmando que el *bunkai* que demuestro aquí sea la única aplicación correcta y que todas las demás ideas estén equivocadas. Al contrario, tengo entendido que todos los *kata* contienen técnicas básicas que se podrían interpretar de muchas diferentes maneras.

Por lo tanto, el practicante no se debe limitar a una idea o un concepto fijo cuando se trata de *bunkai*. Sin embargo, hay aplicaciones adecuadas y realistas, y he visto algunas que no son ni realistas ni útiles en absoluto. Depende del practicante examinar y evaluar el *bunkai* para que pueda determinar si dichas aplicaciones tendrían sentido.

Me temo que no podré compartir todos los *bunkai* de Tekki Shodan debido a las limitaciones del espacio disponible. Demostraré tres *bunkai* de este *kata* para ilustrar cómo se realizan las aplicaciones hacia adelante y no necesariamente hacia los lados. Las fotos de los movimientos del *kata* Tekki Shodan, junto con sus aplicaciones, se encuentran en las siguientes páginas.

1. Los cuatro primeros movimientos de Tekki Shodan son los siguientes: *heisoku dachi* con *shuto kamae* (foto 1), *kosa dachi* (foto 2), *fumikomi* derecho (foto 3), *haishu uchi* derecho (foto 4).

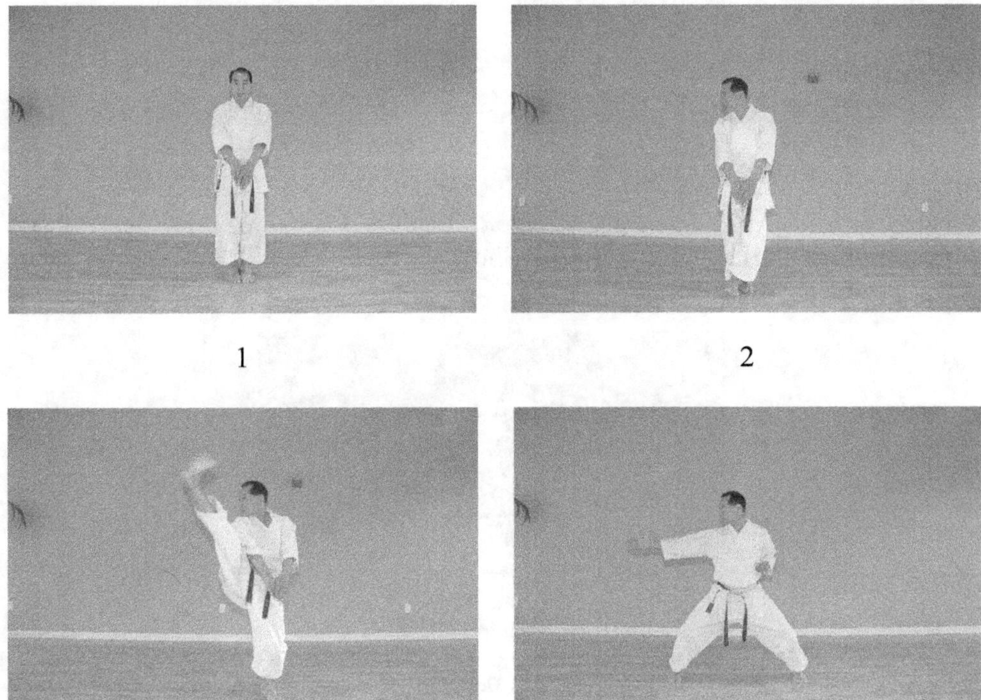

1 2

3 4

He aquí el *bunkai* para estos movimientos:

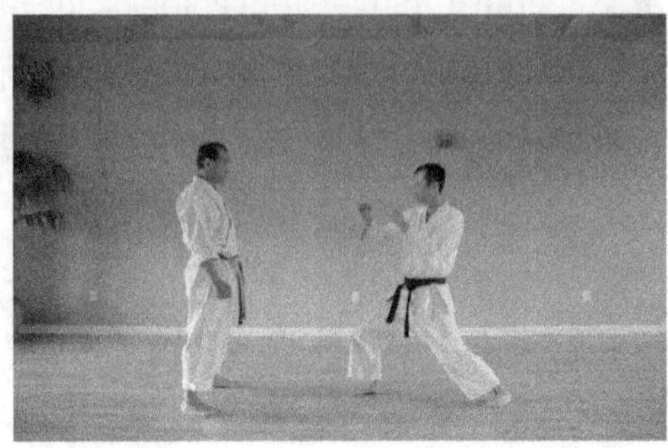

Yoi

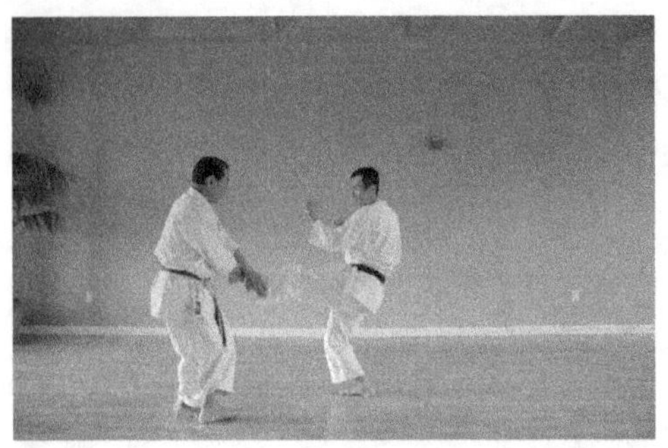

Aplicación para la foto 2

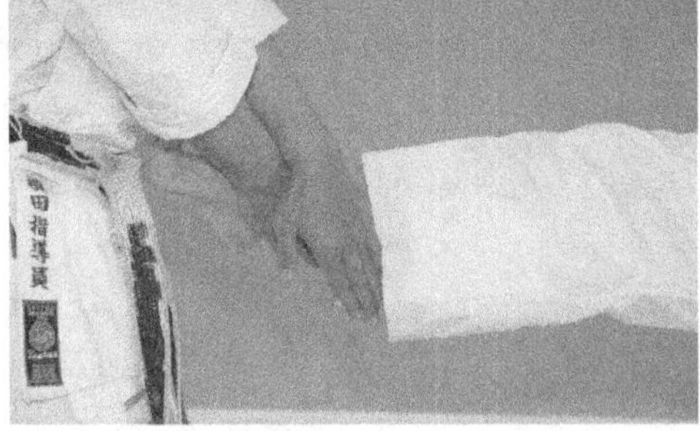

1er plano de la aplicación de la foto 2

Ejecuta un *morote awase kaishu uke* desde *kosa dachi* contra el *mae geri* del atacante (también se encuentra en Bassai Sho).

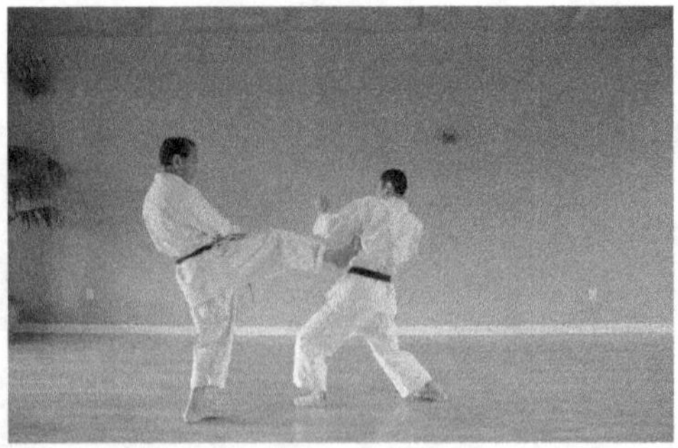

Aplicación para la foto 3

El *mae geri* derecho es un contraataque.

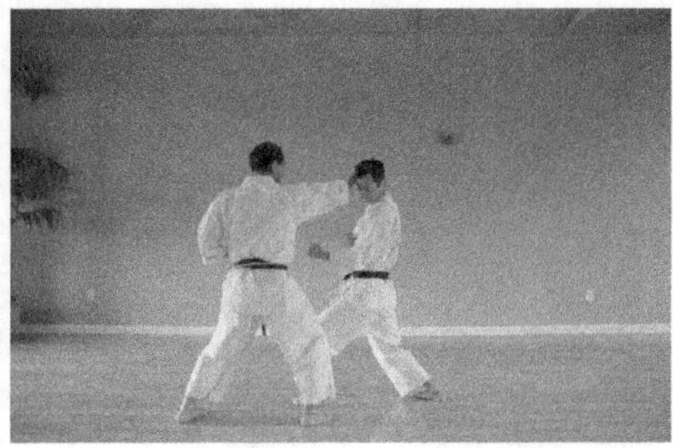

Aplicación para la foto 4

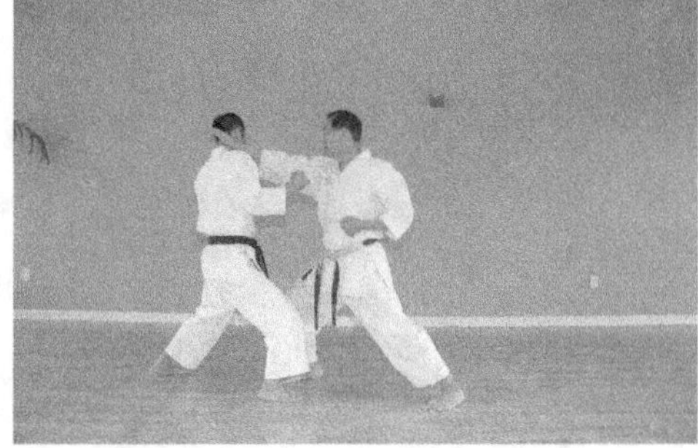

Reverso de la aplicación de la foto 4

Ejecuta un *jodan haishu uchi* derecho contra la sien o un *shuto uchi* contra el cuello. La postura puede ser o *zenkutsu dachi* o *kiba dachi*.

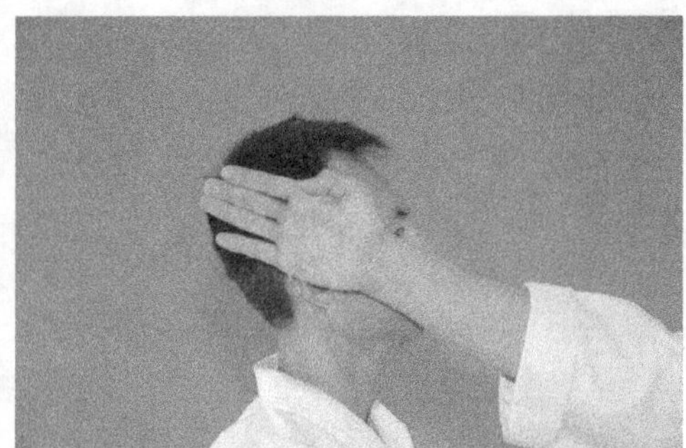

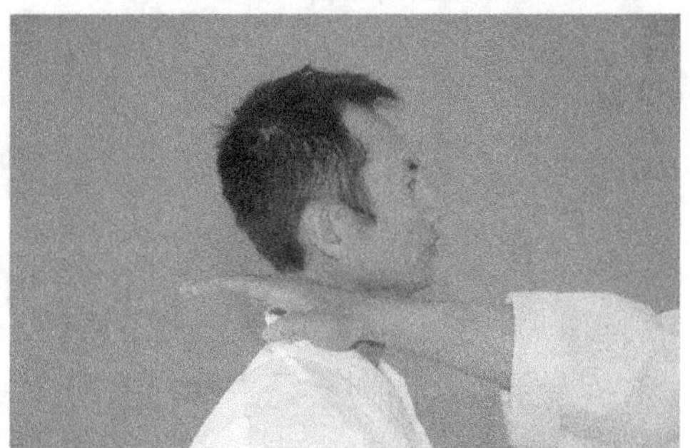

Fotos de primer plano de las posibles aplicaciones

2. Los siguientes cuatro movimientos de Tekki Shodan son los siguientes: *enpi uchi* izquierdo contra la palma derecha (foto 5), *kamae* con las dos manos en la cadera derecha (foto 6), *gedan barai* izquierdo (foto 7), *gyaku zuki* derecho (foto 8). Ésta es una serie de aplicaciones para cuando estés muy cerca del atacante.

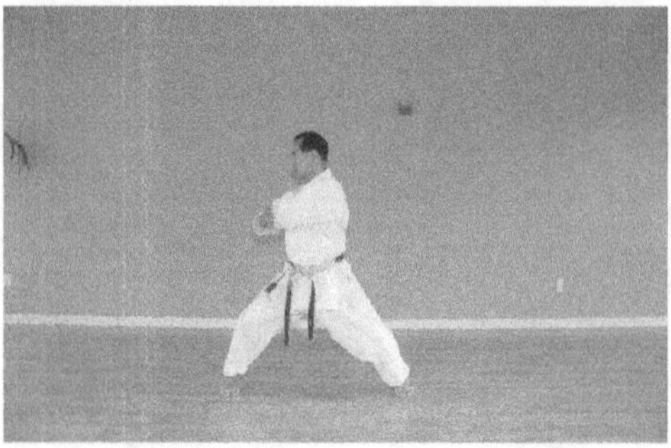

5

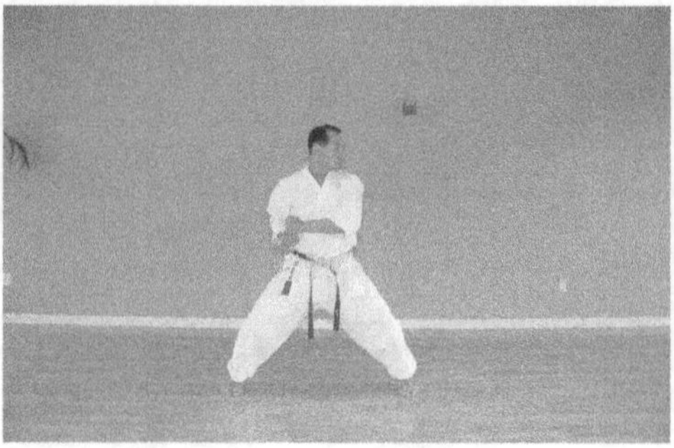

6

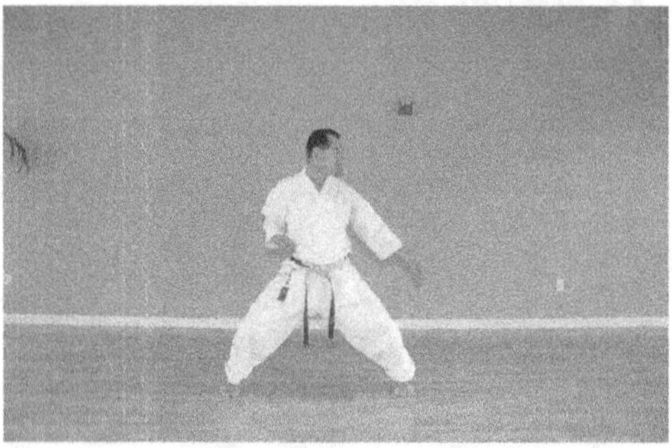

7

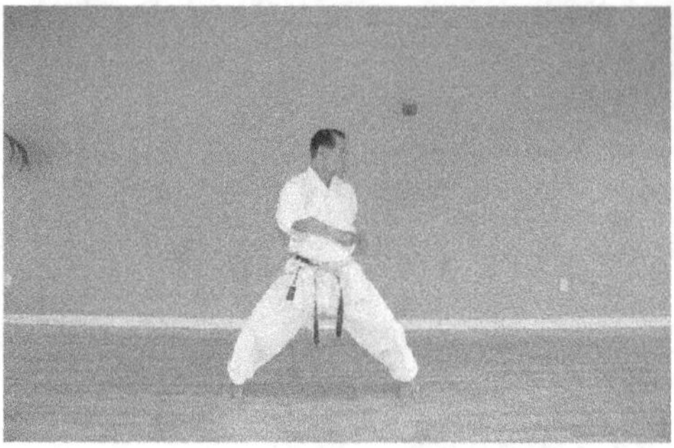

8

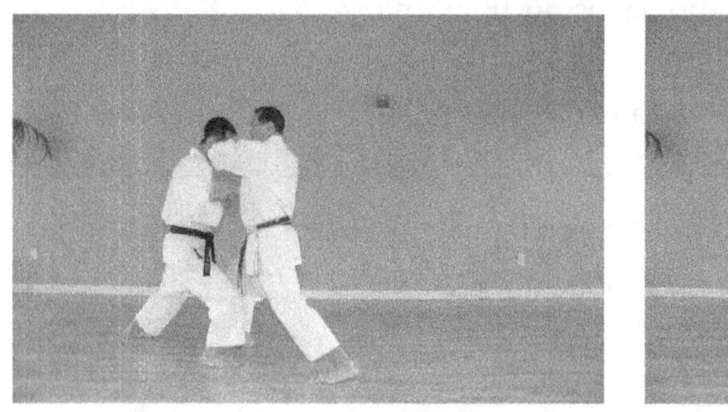

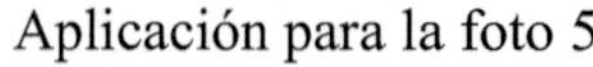

Aplicación para la foto 5

La mano derecha acerca la cabeza del atacante para el *jodan enpi uchi* izquierdo.

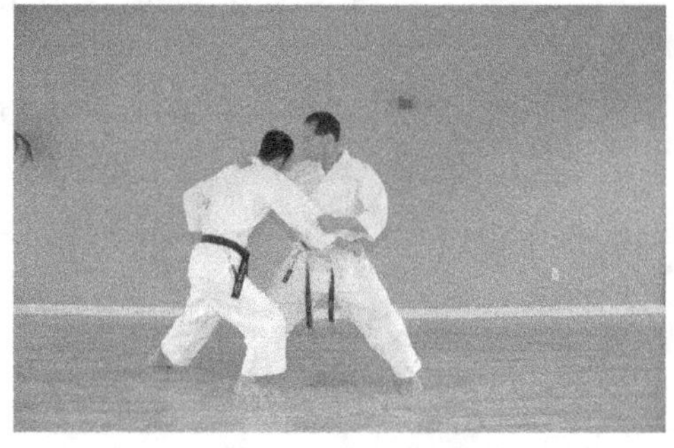

Aplicación para la foto 6

La mano izquierda agarra la manga derecha del atacante, y la mano derecha agarra el lado izquierdo para acercarlo y controlarlo mejor.

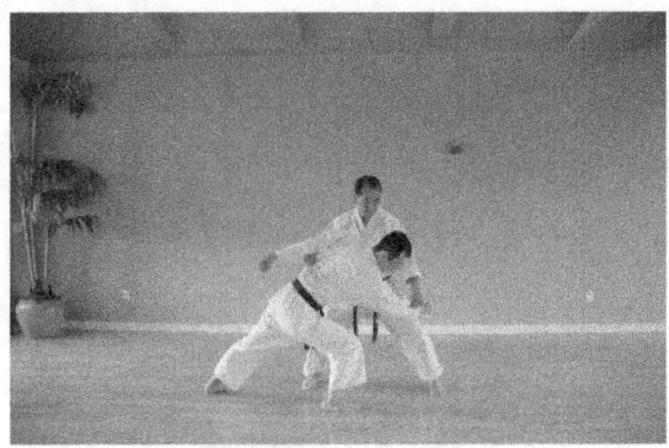

Aplicación para la foto 7

El *gedan barai* izquierdo es en realidad un movimiento para jalar la manga derecha del atacante hacia abajo y así desequilibrarlo.

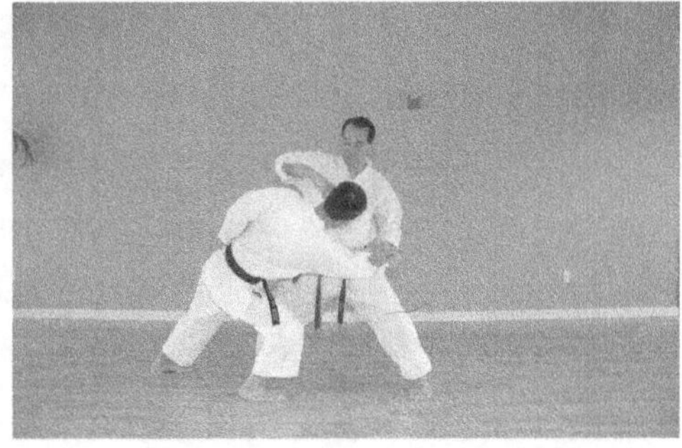

Aplicación para la foto 8

Ejecuta un *kagi zuki* derecho contra la cabeza del atacante en lo que éste intenta recuperar el equilibrio, levantando la cabeza.

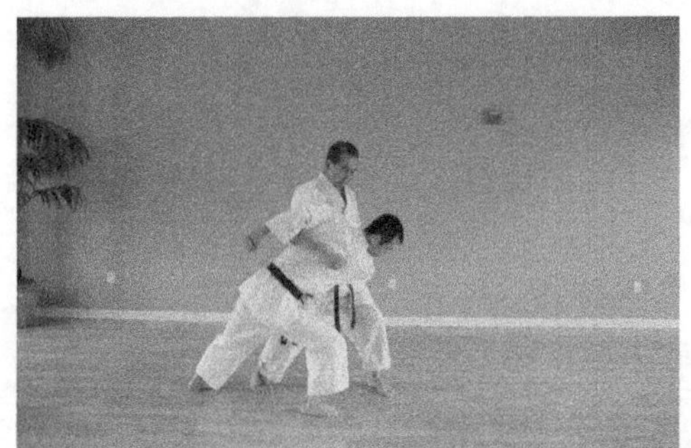

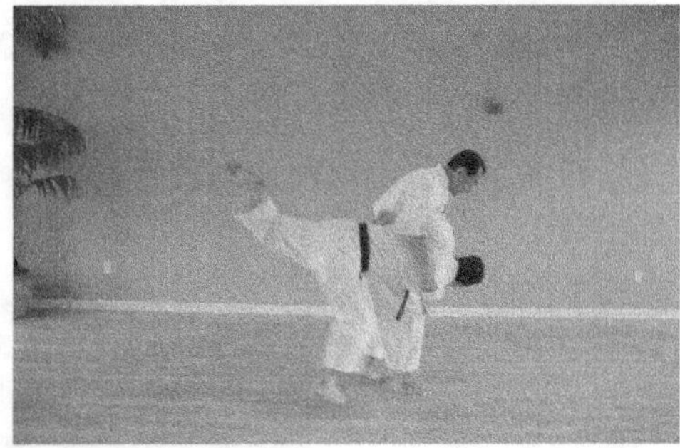

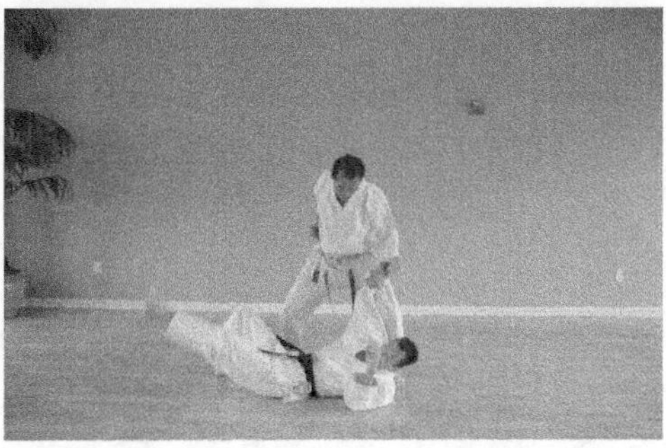

Una aplicación alternativa de este movimiento es una proyección. En vez de golpear con el *kagi zuki* derecho, se coloca el brazo derecho alrededor del cuerpo, debajo del brazo izquierdo del atacante, para derribarlo.

Esto concluye la parte I del *kata* Tekki. En la parte II, seguiré con el *bunkai* relacionado con la misteriosa patada *nami gaeshi*. Mi *senpai* de hace cuarenta años me informó erróneamente que esta técnica se utilizaba para bloquear un *mae geri* contra la ingle. Entonces, ¿cuál es la aplicación y el significado de *nami gaeshi*? Más adelante, compartiré las aplicaciones que aprendí de Sugano Sensei. Trataré los cinco objetivos clave que se deben tratar de lograr al practicar Tekki. Estos objetivos nunca se han publicado antes, y espero que este conocimiento revele la verdadera naturaleza del *kata* Tekki y que convierta este *kata* "aburrido" en uno de valor.

Capítulo diez
第十章

Kata misterioso Tekki Shodan parte II
鉄騎初段の不思議　パート2

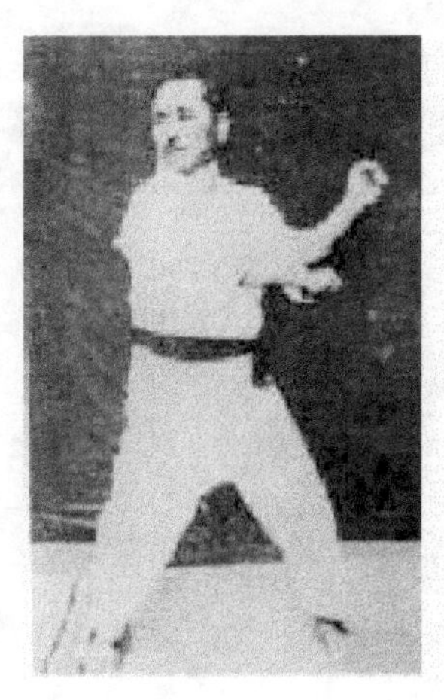
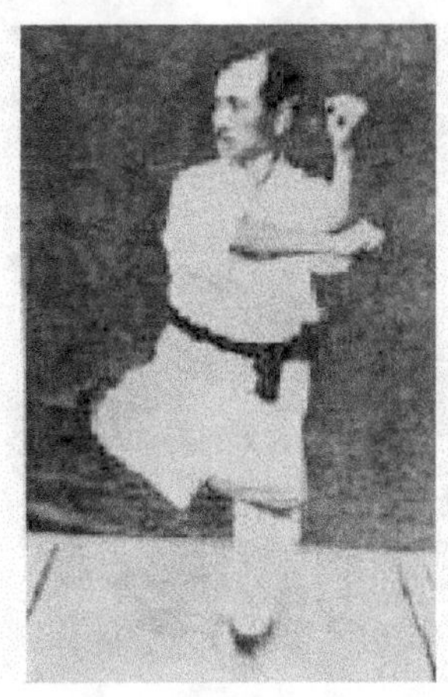
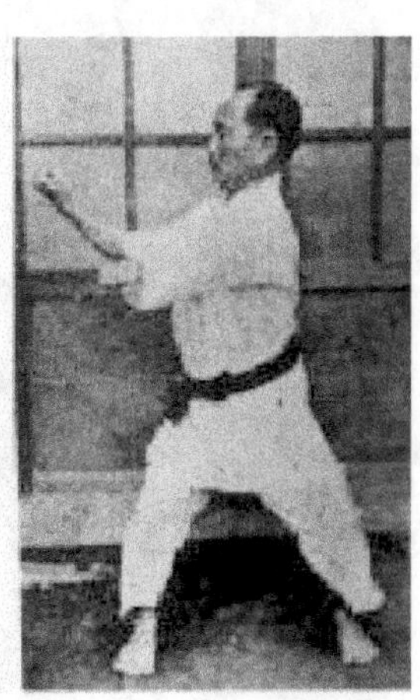

Veamos las aplicaciones para la misteriosa patada que se llama *nami gaeshi*.

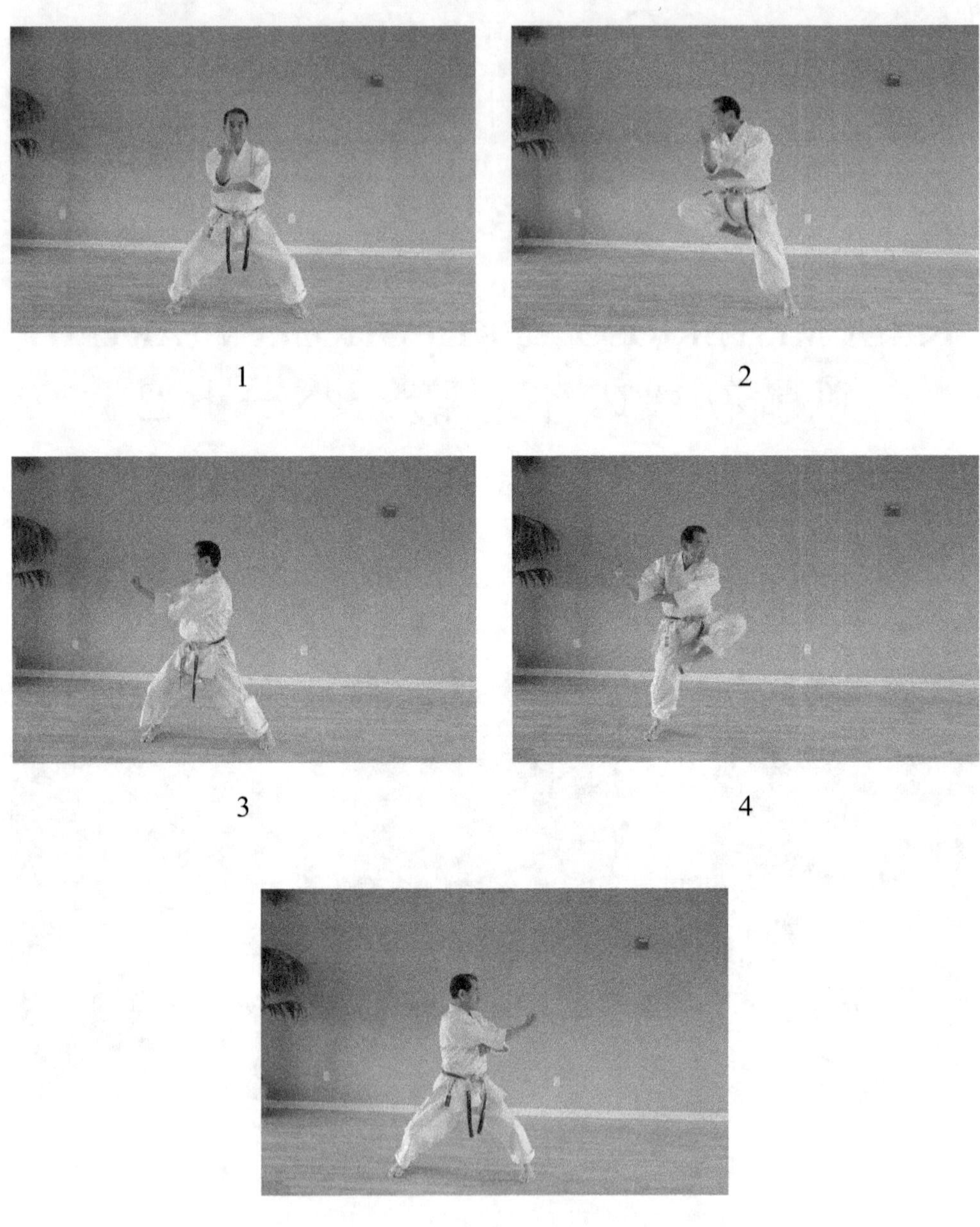

1

2

3

4

5

El *bunkai* para estos movimientos se encuentra en la siguiente página:

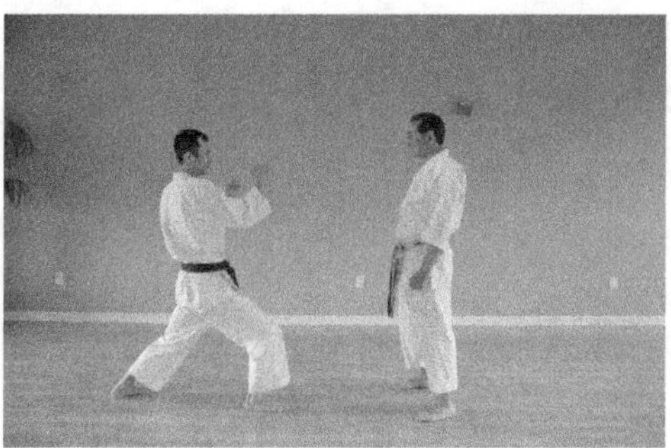

Yoi

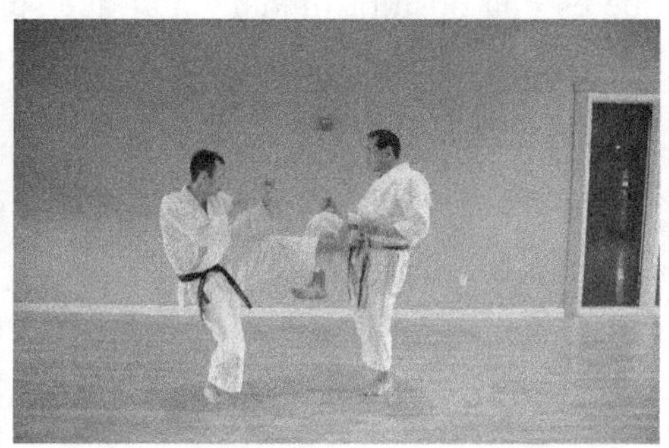

Aplicación para la foto 2

El *nami gaeshi* bloquea el *mae geri*. Nótese que la rodilla y toda la parte inferior de la pierna se deben utilizar para bloquear la patada.

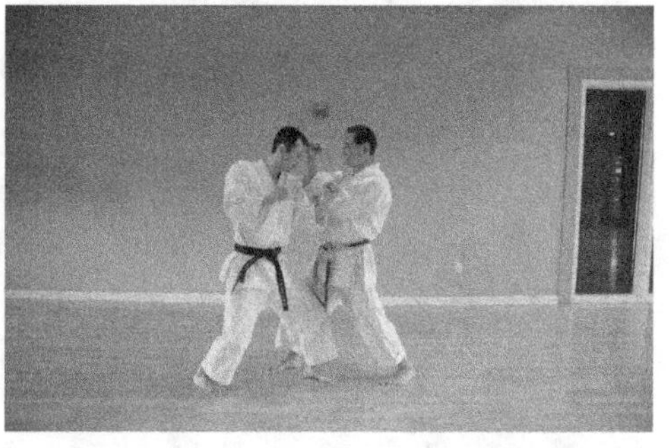

Aplicación para la foto 3

Ejecuta un *kentsui* derecho contra la cabeza.

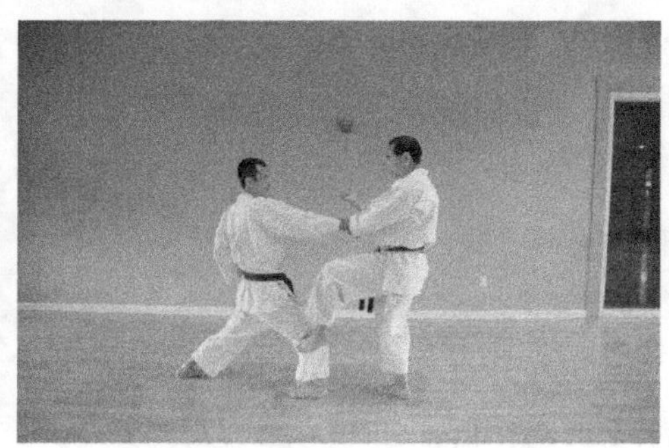

Aplicación para la foto 4

Bloquea el *chudan zuki derecho* con un *osae uke* izquierdo y ejecuta un *hiza geri* izquierdo simultáneo.

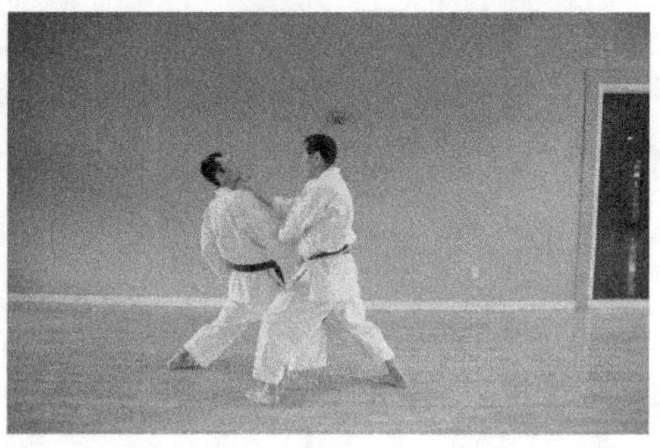

Aplicación para la foto 5

Avanza y ejecuta un *jodan ura zuki* derecho contra la barbilla.

Ahora voy a enumerar cinco objetivos clave que deberían ayudarte a practicar correctamente este *kata* único para que lo puedas disfrutar más y adquirir más habilidades al practicarlo.

1. Postura (*kiba dachi* o *naihanchi dachi*)

Como mencioné anteriormente, no se eligió *naihanchi dachi* para este *kata* para fortalecer los músculos de las piernas. Un punto importante es que se eligió *naihanchi dachi* (y luego *kiba dachi*) porque es una postura fundamental que se puede cambiar fácilmente a una postura delantera o a una postura trasera al mover el centro de gravedad hacia adelante o hacia atrás y voltear los pies. Al dominar esta postura, el practicante les puede aplicar fácilmente sus principios a otras posturas. El practicante también aprende a mantener todas las posturas estrechas, incluso en el caso de *zenkutsu dachi*.

2. Desplazamiento del cuerpo y del centro de gravedad

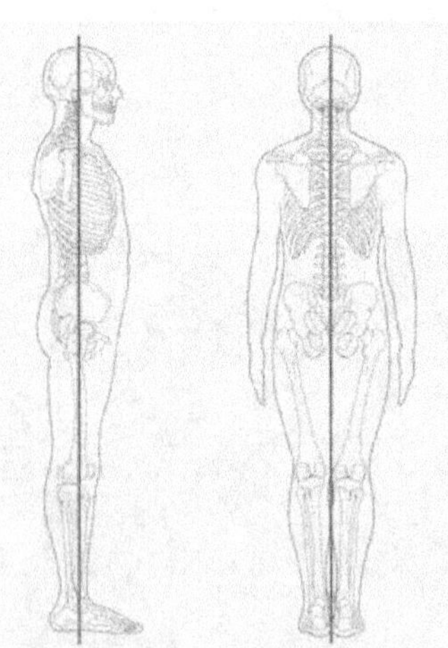

Aunque no lo creas, el uso de *kosa dachi* probablemente es uno de los puntos de entrenamiento más importantes de Tekki. Al comienzo de este *kata*, se utiliza *heisoku dachi*. En esta postura, el equilibrio del cuerpo debe estar distribuido en partes iguales entre los pies. Al pasar el pie izquierdo sobre el pie derecho para realizar *kosa dachi*, se aumenta el soporte de la pierna derecha y, simultáneamente, se reduce el soporte de la pierna izquierda.

Esto es algo sencillo y natural, por lo que todos estaremos de acuerdo en este punto, pero se ha ignorado la atención especial que debe recibir este movimiento. El soporte de la pierna derecha empieza con el cincuenta por ciento y aumenta al cincuenta y uno, cincuenta y dos, cincuenta y tres, etc., hasta el noventa y nueve por ciento. Casi alcanza el cien por ciento, pero no llega, ya que el pie izquierdo sigue tocando ligeramente el suelo, lo cual proporciona el soporte mínimo y mantiene el cuerpo equilibrado.

Este movimiento se realiza lentamente según el estilo de la JKA, que no está mal, pero no se les ha explicado a la mayoría de los estudiantes la forma en que se debe hacer y la razón por la cual se debe hacer así. Explicaré este punto en particular más adelante, ya que merece una atención más detallada. Ahora sigue el momento más importante.

En el siguiente movimiento, se cambia el soporte instantáneamente de la pierna derecha a la izquierda, que ahora soporta el cien por ciento del peso del cuerpo (aumentado desde el uno por ciento), ya que la pierna derecha está suspendida en el aire, lista para realizar *fumikomi*. Esta técnica de desplazamiento es el punto clave de este *kata*. Aumenta la rapidez al avanzar no sólo con pasos regulares, sino también con *tsugi ashi* y *yori ashi*.

Además, cabe mencionar que esta técnica se basa en un sentido fino del equilibrio, así como en el uso de los músculos internos del muslo para realizar una acción rápida. Si de casualidad eres aficionado de los *ninja*, a lo mejor conoces su método de caminar como los cangrejos (con pasos laterales). Los *ninja* sabían la importancia de utilizar los músculos internos del muslo para desplazarse rápidamente.

Así que a los estudiantes se les debe enseñar a sentir este cambio de equilibrio lento entre las piernas izquierda y derecha. Al principio, es lento (así como se hace en el primer paso de Tekki Shodan y Nidan), pero eventualmente podrás realizar rápidamente este desplazamiento del centro de gravedad. Como mencioné anteriormente, al aprender cómo se siente este cambio de gravedad, aprenderás a hacer que el cuerpo se desplace rápidamente y con fluidez (exactamente como un *ninja*).

3. Combate a corta distancia

En un artículo interesante titulado “Naihanchi—Karate’s Most Deadly Kata?”

('Naihanchi —¿el kata más mortal del karate?' [www.iainabernethy.co.uk/article/naihanchi-karates-most-deadly-kata]), Iain Abernethy afirma lo siguiente: "No cabe duda de que las habilidades de combate a corta distancia son vitales cuando se trata de la defensa personal. Naihanchi facilita instrucción con respecto al combate a corta distancia; las técnicas también son directas y relativamente fáciles de aplicar. También podemos ver el uso integrado de golpes y agarres, los cuales son la clave del éxito en el combate a corta distancia" (texto traducido).

El Shuri Te se conoce comúnmente como un método de combate a larga distancia, y algunos afirman que este estilo es débil en lo que se refiere al combate a corta distancia. No estoy totalmente de acuerdo con esta afirmación; sin embargo, sí estoy de acuerdo en que el método de combate básico del Shuri Te se basa principalmente en las posturas largas, tales como *zenkutsu dachi*, *kokutsu dachi* y *kiba dachi*.

También se supone que un método de combate a corta distancia debe utilizar posturas cortas, como *neko ashi dachi* y *sanchin dachi*. Es cierto que las posturas cortas son más móviles, lo que significa que el desplazamiento del cuerpo es más fácil en una situación de combate a corta distancia, como en el agarre. Sin embargo, no es sorprendente descubrir que el combate a corta distancia se puede realizar de manera eficaz utilizando sólo posturas largas, cosa que se puede observar en el *kata* Tekki.

4. Técnica de separación del cuerpo superior e inferior

Mira la foto a continuación, donde aparece Funakoshi practicando Tekki. Puedes ver claramente que mantiene su postura de *naihanchi* al ejecutar la técnica de brazos hacia los dos lados, haciendo una rotación de 180 grados de la parte superior del cuerpo. En esta foto, la mitad superior del cuerpo se gira muy claramente sin comprometer la postura. Casi parece que estas dos mitades del cuerpo son de dos distintas personas, como si fuera una foto falsa. El abdomen debe ser completamente flexible para que se pueda ejecutar la rotación de manera tan notable.

Si puedes hacer esto con *kiba dachi*, entonces será fácil realizar un *gyaku zuki*, girando completamente las caderas, o un bloqueo del lado contrario (como se requiere en Bassai Dai). Este ejercicio también te permite ejecutar técnicas de la parte superior del cuerpo sin ser influenciado por la parte inferior y viceversa. Lo que significa esto es que tendrás la habilidad de ejecutar técnicas de la parte superior del cuerpo no sólo al mantener una postura, sino también al moverte o utilizar las piernas para bloquear o dar patadas. También se puede decir al revés, lo que significa que podrás utilizar las piernas independientemente de los movimientos de la parte superior del cuerpo.

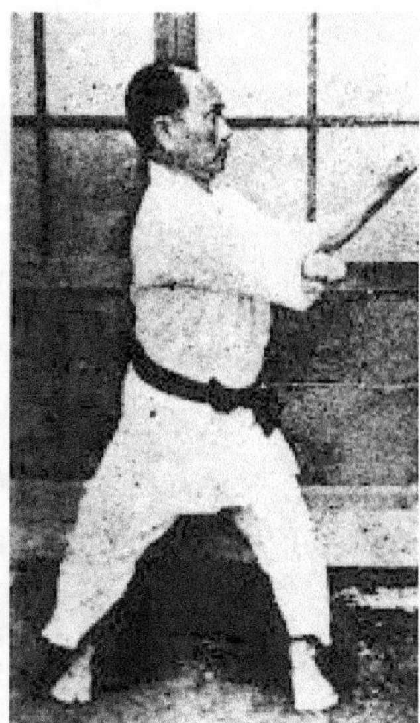

5. Dirección del *bunkai*

La dirección del *bunkai* puede ser lateral como indican los movimientos del *kata*. No tiene nada de malo practicar con adversarios que te puedan atacar desde los lados. Si llegas a enfrentarte a dos atacantes que estén situados de los dos lados, es muy probable que utilices un *kiba dachi* y te defiendas según corresponda. Sin embargo, no debemos limitarnos únicamente a este concepto, ya que es una sola situación, y las variaciones de una situación determinada son infinitas.

Como expliqué anteriormente, *kiba dachi* es una postura estándar que se puede convertir en *zenkutsu dachi* o *kokutsu dachi*, dependiendo de la distancia del atacante. Así que si tu postura es *zenkutsu dachi* o *kokutsu dachi*, la aplicación definitivamente se realiza contra un atacante que esté delante de ti.

El creador del *kata* Tekki utilizó sólo *kiba dachi* e hizo del *enbusen* una línea recta y, curiosamente, lateral. Durante varios siglos antes de que se inventaran los *kata* Heian a finales del siglo XIX, Tekki era el primer *kata* que se les enseñaba

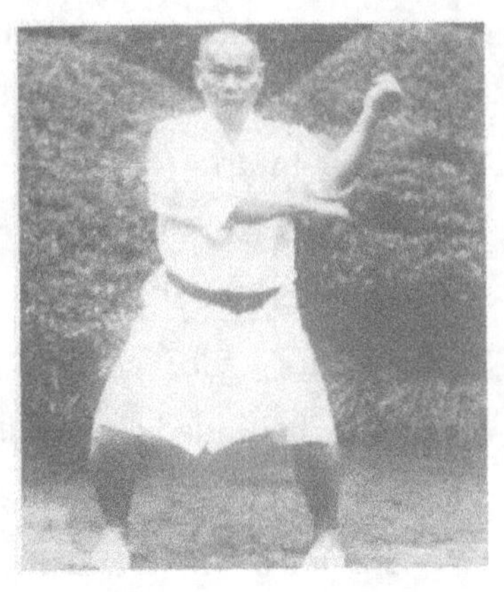

a los practicantes del Shuri Te, y practicaban sólo este *kata* durante varios años antes de pasar a otro *kata*, como Bassai. Por lo tanto, sería lógico suponer que Tekki era un *kata* introductorio y que el *enbusen* se mantuvo sencillo a propósito.

Ahora que has aprendido las técnicas y los objetivos ocultos de este *kata*, ya no necesitas limitar tu entendimiento sólo a las interpretaciones literales. Recuerda que este *kata* fue valorado y practicado diligentemente por miles de practicantes de Okinawa durante varios siglos en las islas de Okinawa. Si no hubiera tenido los valores y beneficios especiales que mencioné anteriormente, no habría sido muy probable que sobreviviera durante tanto tiempo.

Si este *kata* es tan importante, naturalmente nos preguntamos por qué se ha convertido en el *kata* obligatorio para los estudiantes de cuarto *kyu* en su examen de cinta café. ¿Por qué Funakoshi dejó de enfatizarles a sus estudiantes la extrema importancia de este *kata*? He aquí mi teoría, o una suposición informada, con respecto a por qué sucedió esto.

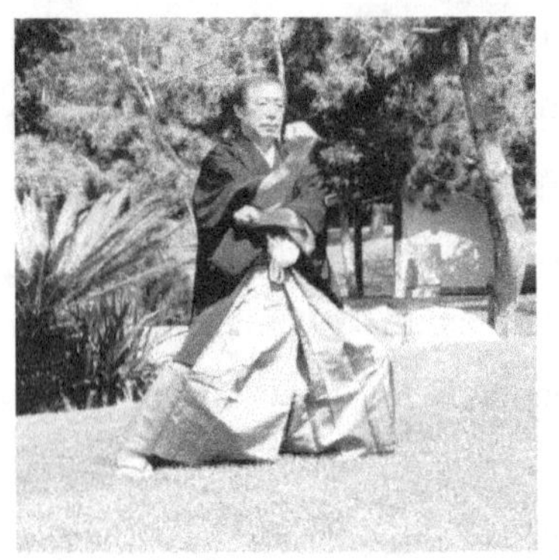

Funakoshi era un gran educador, y quería enseñar el karate como parte de la educación física, no como arte marcial puro. No enfatizaba el *kumite*; enseñaba principalmente por medio de los *kata*. Escuché que muchos de sus estudiantes universitarios abandonaron las clases o fueron a Okinawa por su cuenta para aprender *kumite*. Así que obviamente no estaba muy motivado para enseñar los *bunkai* y las aplicaciones de los *kata*, incluido Tekki.

Debo agregar que abandonó muchas cosas del karate original. El hecho más conocido es que a los *kata* les quitó los nombres de Okinawa y mejor les puso nombres japoneses. Esto lo hizo para que los nombres parecieran más japoneses para que los practicantes japoneses se sintieran más cómodos con ellos. Además, abandonó la ropa de Okinawa y adoptó el *judogi* (柔道着) del Kodokan Judo. No incluyó el *kobudo* en el currículo regular, aunque sí vemos fotos en las que se entrenaba con un *bo*. También dejó de enfatizar muchas de las técnicas de proyección y *bunkai waza* para que el karate no compitiera con el *judo*, el cual era el arte marcial principal de las islas principales de Japón cuando lo introdujo.

Él quería que el karate fuera adoptado por los japoneses como un deporte seguro y que se practicara en todas las preparatorias y universidades. Estoy seguro de que esto le ocasionaba mucha frustración, ya que el karate era un arte marcial mortal, y el objetivo de su entrenamiento era hacer que el cuerpo del practicante fuera lo más letal posible. Tuvo que moderar las habilidades y técnicas para que el karate no compitiera con el arte marcial de facto de Japón, el *judo*. Por lo tanto, tuvo que tomar la decisión de abandonar las técnicas ocultas de Tekki que convertirían este *kata* aburrido en un *kata* potente.

Te preguntarás por qué Funakoshi tuvo que preocuparse tanto por el *judo*. Esto lo he explicado en el capítulo 7: "Comenzar y terminar con bloqueos", así que, por favor, consulta ese capítulo si aún no lo has leído. Pero déjame volverlo a explicar brevemente porque éste es un hecho muy importante para entender el desarrollo y la historia del karate Shotokan en Japón.

El fundador del *judo* fue Jigoro Kano, y él poseyó un tremendo poder político y muchísima autoridad en los campos de educación y deporte en Japón durante muchos años a finales del siglo XIX y principios del siglo XX. No sólo fue el *kancho* (館長, 'presidente') del Kodokan, la sede del *judo*, sino que también fue el primer miembro del Comité Olímpico Internacional (COI) en Japón. Durante muchos años, fue director de varias preparatorias y universidades, lo que naturalmente lo convirtió en un educador reconocido con mucha credibilidad y mucho respeto. El oponerse a él o al *judo* a principios del siglo XX habría sido un suicidio.

Funakoshi se acababa de mudar de Okinawa (una isla que en aquel entonces la mayoría de los japoneses no consideraban que fuera parte de Japón) y no tenía una red de contactos ni quién lo apoyara en Tokio. Vivía en un departamento de conserje en los dormitorios de una de las universidades. Su trabajo era enseñar un arte marcial "extraño" que se llamaba *karate* (唐手, 'mano china'), el cual era casi completamente desconocido en Japón en aquella época. Es fácil suponer que necesitaba quedar bien con Kano y formar algún tipo de alianza con el *judo*. Así que ahora el lector entenderá mejor la fuerte influencia que tuvo el *judo* en el desarrollo del karate en Japón durante la primera mitad del siglo XX.

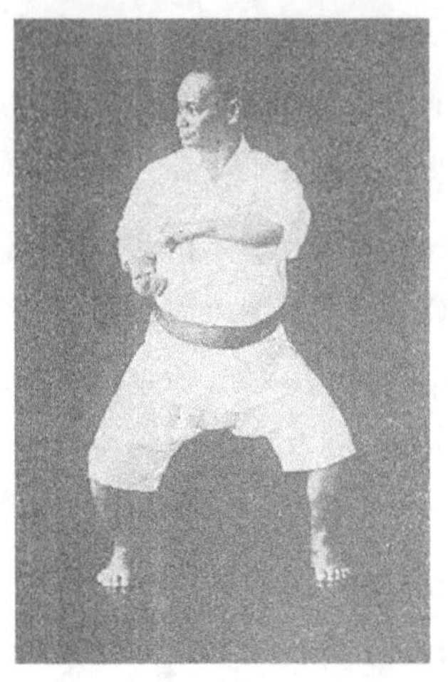

Déjame terminar este capítulo con una historia bien conocida de Choki Motobu (本部朝基, 1870–1944 [foto a la izquierda]), el maestro de Shuri Te muy famoso de Okinawa. El apodo de Motobu era *Saru* (猿), que literalmente significa 'mono'. A continuación se encuentra una breve historia de cómo obtuvo este apodo.

En Okinawa, en aquellos días, para poner a prueba sus habilidades, los practicantes del karate hacían competencias callejeras informales en la noche. Había cierto lugar abierto donde se juntaban los fines de semana, así como los muchachos de hoy se juntan para las carreras callejeras.

Cuenta la historia que después de que Motobu había ganado muchas peleas seguidas, ya nadie se atrevía a retarlo. Entonces, él se escondía en el techado de una casa cercana y veía las peleas que se llevaban a cabo en la calle. Hacia el final de las peleas, cuando ya pudiera determinar quién peleaba mejor del grupo, saltaba del techado y retaba a esa persona. La forma en que subía y bajaba por los techados hacía que pareciera mono, por lo que le pusieron *Bushi Saru* (武士猿, 'Mono *Samurai*').

Así que Motobu fue uno de los mejores *karateka* que produjo Okinawa, y él afirmó que Tekki era el único *kata* que necesitaba practicar. Sabemos que esta afirmación es una exageración, y él, de hecho, sabía otros *kata*. Pero es cierto que él, al hacer semejante afirmación, enfatizó la importancia del *kata* Naihanchi (Tekki).

¿Todavía crees que Tekki es simplemente un requisito para obtener la cinta café? Si ignoras este *kata* actualmente en tu rutina de entrenamiento regular, ¿no crees que ahora es un buen momento para volverlo a incluir en tu repertorio de entrenamiento? Estoy seguro de que te ayudará a aprender las técnicas “secretas” de Tekki, y eso dará como resultado mejoras significativas en la ejecución de tu karate en general.

Capítulo once
第十一章

Hangetsu
半月形

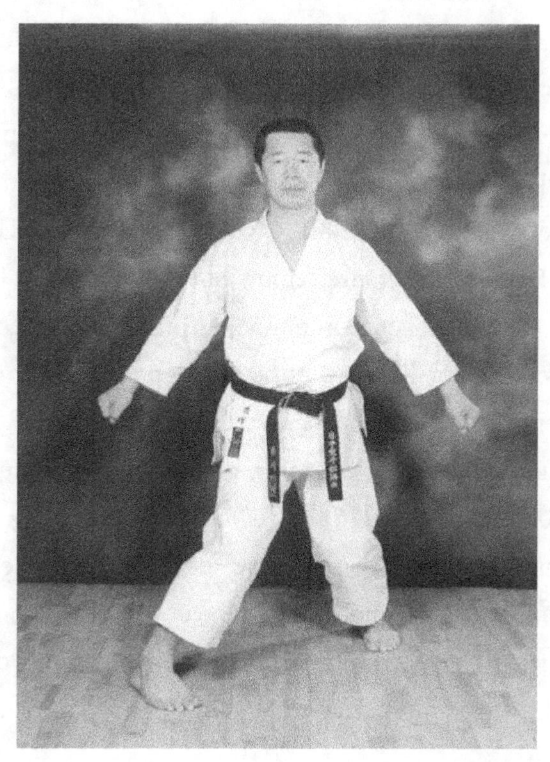

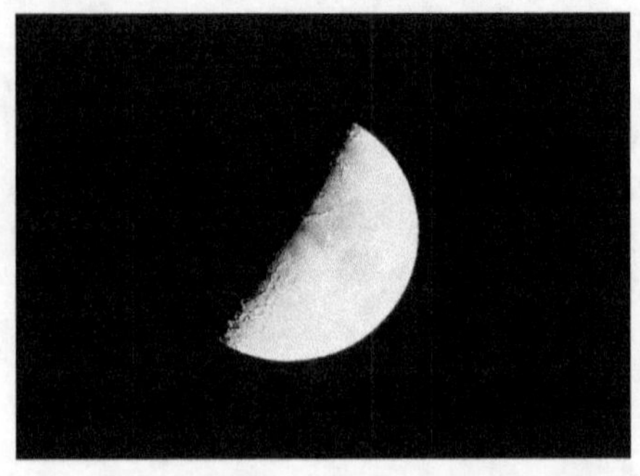

¿Es el *kata* Hangetsu el eslabón perdido con el Naha Te? El difunto Steve Cattle (del Reino Unido) escribió un artículo educativo y muy necesario sobre Hangetsu titulado "Hangetsu: the Neglected Kata of Shotokan" ('Hangetsu: el kata ignorado del Shotokan') en el ejemplar 47 (mayo de 1996) de la revista *Shotokan Karate Magazine*. En este artículo, señaló que este *kata* era uno de los menos populares y afirmó: "Siento que es un *kata* muy ignorado, generalmente por la dificultad de realizar los giros, la postura y su falta de belleza" (texto traducido). Concluyó que la razón principal por la cual no es popular este *kata* se debe a la dificultad de sus giros y su postura, *hangetsu dachi*, afirmando: "La dificultad está en el giro, por lo que creo que también es ignorado en las competencias, además de la dificultad de la postura en sí" (texto traducido). Estoy de acuerdo con la mayoría de sus afirmaciones, pero me temo que le faltaron algunos puntos clave. Si investigas el origen de este *kata* único, descubrirás la historia oculta y los misterios profundos detrás de él.

Aunque el Shuri Te y el Naha Te no comparten todos los mismos *kata*, Hangetsu (Seisan/Seishan) es una excepción. Este *kata* se encuentra en casi todos los estilos, incluidos el Wado Ryu, el Shito Ryu, el Goju Ryu, el Uechi Ryu, el Shorin Ryu, el Ryuei Ryu, etc. Intentaré reunir los hechos y hacer las comparaciones necesarias para llegar a las respuestas a muchas preguntas. Al compartir estos hallazgos, espero que el lector llegue a una nueva apreciación y a un mejor entendimiento al momento de realizar este *kata* único y valioso.

Hay otro artículo que definitivamente vale la pena leer, el cual se encuentra en el ejemplar 49 (noviembre de 1996) de *Shotokan Karate Magazine* y fue escrito por John Cheetham, el editor en jefe de la revista. El título es "Inside Tension Stances" ('Posturas de tensión interna'), y tiene el subtítulo "Sanchin Dachi, Neko Ashi Dachi, Hangetsu Dachi". Es un artículo de tres páginas que explica cuáles son estas posturas de tensión interna y cómo se desarrollan. Toca un tema que no se aborda con mucha frecuencia, y recomiendo que todos los practicantes del Shotokan lo lean si aún no lo han hecho.

Desafortunadamente, la información detallada de *hangetsu dachi* y su naturaleza única no se menciona ni describe en este artículo. Sin embargo, no puedo culpar al autor en absoluto. Lo más seguro es que tenga una colección de todos los manuales del karate, tales como *Dynamic Karate*, *Karate Do Kyohan* y *Best Karate*, donde sólo puede encontrar los pasos del *kata* Hangetsu y no mucho más.

De hecho, encontramos muy poca información sobre cómo ejecutar correctamente este *kata* o sobre los detalles de *hangetsu dachi*. El autor escribe: "*Hangetsu dachi* se describe en la mayoría de los libros —y la mayoría de los instructores lo describen— como una versión más larga de *sanchin dachi* con todos los mismos puntos que *sanchin*" (texto traducido). Así se omite cualquier descripción detallada de *hangetsu dachi*. En este capítulo, intentaré sacar de la historia los hechos ocultos de este *kata* y compararlo con las versiones de los demás *ryuha* (流派, 'estilos') para cerrar la brecha.

A estas alturas, el lector estará de acuerdo en que el *kata* Hangetsu, junto con *hangetsu dachi*, no es popular. Me pregunto si eres consciente de que éste es el más misterioso de todos los *kata* del Shotokan. Es posible que ya hayas descartado este *kata* como un *kata* "aburrido", así que te preguntarás por qué estoy armando tanto escándalo al respecto. Invito al lector a viajar conmigo y descubrir algunos hechos interesantes de la historia del karate.

Después de investigar la historia de este *kata*, la historia del entrenamiento de Funakoshi en Okinawa y las grandes "mejoras" de Nakayama, debo decir que la profundidad del misterio de este *kata* supera la de Tekki. Hasta donde yo sé, a excepción del artículo del difunto Steve Cattle, mi investigación de Hangetsu es la primera que jamás se ha hecho, y revela la razón por la cual este *kata* no debe ser olvidado.

Cuando supe del *kata* Hangetsu, consideraba que era un *kata* fácil reservado para las personas de la tercera edad. Cuando mi instructor original de Kobe, Jun Sugano, demostró Hangetsu con *ibuki* a principios de los ochenta, no se me hizo gran cosa —u, honestamente, no lo entendí—. Cuando vi que demostraba este *kata* con ese método de respiración, pensé que a lo mejor estaba enfermo y se le hacía difícil respirar.

Como el típico instructor japonés, Sugano no nos explicó ni el *ibuki* ni el propósito de este *kata*. De hecho, no recuerdo que nos haya enseñado este *kata* para nada en el *dojo*. Estoy seguro de que se lo enseñó a los instructores de mayor rango, pero para los instructores de menor rango, escogió otros *kata* con ritmos más rápidos, como Kanku, Enpi y Unsu.

Muchos años después, Asai explicó la respiración *ibuki* y cómo afecta la postura. Entonces (y sólo entonces), por fin cobró sentido en mi mente. ¡Vaya! ¡Qué lento soy para aprender! Sólo me tardé veinte años en darme cuenta. Parece que esta técnica casi se ha perdido por completo entre los practicantes del Shotokan. Sólo Kanazawa y algunos otros instructores mencionan la importancia de respirar en este *kata*, pero ninguno de ellos explica el significado completo de *ibuki* y Hangetsu. Por consiguiente, la historia completa del eslabón perdido entre el Shotokan y el Naha Te nunca se ha revelado. Es mucho más de lo que parece.

Antes de investigar los aspectos "misteriosos" de Hangetsu, quiero llamar tu atención sobre dos hechos únicos de este *kata* que no se han tratado mucho en el pasado.

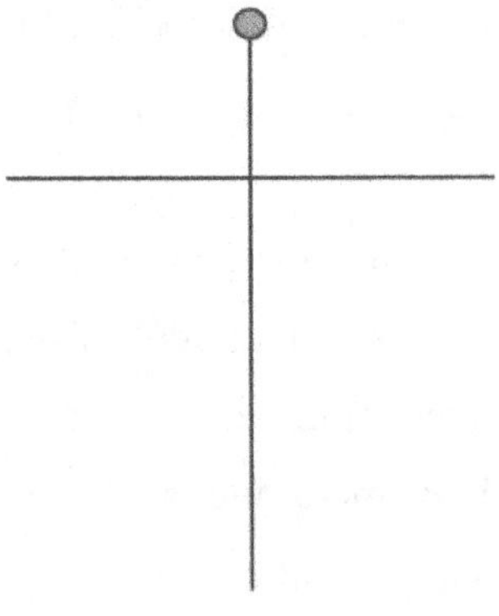

El primer hecho es que el *enbusen* de Hangetsu es poco común en que básicamente se mantiene en una línea central que se extiende hacia adelante y hacia atrás. Hay secuencias de *chudan uchi uke* y *nihon zuki* en medio del *kata* que se extienden a la izquierda y a la derecha, pero sólo se desvían por un paso *yori ashi*. Así que podemos decir que se mantiene en una línea central, y esta idea es parecida a la de Gankaku (también en una línea central) y Tekki (en una línea lateral). Cuando el *enbusen* es sencillo, significa que el creador del *kata* lo hizo a propósito. Eliminó los movimientos complejos de los pies para enfatizar ciertas técnicas, típicamente una postura o varias posturas, con fines de entrenamiento.

Tekki tiene por lo menos tres propósitos principales: (1) fortalecer las piernas con el *kiba dachi* bajo, (2) dominar la técnica de desplazamiento del centro de gravedad mediante movimientos laterales del cuerpo (en direcciones poco naturales) y (3) aumentar la flexibilidad de la parte superior del cuerpo. El propósito del entrenamiento de Gankaku también queda bastante claro: entrena la habilidad de equilibrarse con el *tsuru ashi dachi* y con sus muchas rotaciones dinámicas del cuerpo.

Entonces, ¿cuáles son los objetivos específicos del *kata* Hangetsu? Hay varios puntos, y este capítulo los revelará en lo que investigamos los puntos que hacen que Hangetsu sea tan único.

El segundo hecho es que todos los estilos tienen este *kata* (Hangetsu o Seisan/ Seishan). Es muy interesante notar que todos los estilos tradicionales, tanto los del Shuri Te (p. ej., el Wado Ryu y el Shorin Ryu) como los del Naha Te (p. ej., el Shito Ryu, el Goju Ryu, el Uechi Ryu y el Ryuei Ryu), tienen este *kata* bajo el nombre de *Seisan* o *Seishan*. El Shotokan no tiene ningún otro *kata* en común con los estilos del Naha Te, así que el *kata* Hangetsu es el puente singular que lo conecta con el Naha Te.

Seisan y *Seishan* son palabras de Okinawa que significan ‘trece’. Los estilos del Naha Te le dicen *Jusanho* (十三歩, ‘trece pasos’) o *Jusante* (十三手, ‘trece manos’ o ‘trece técnicas’). Funakoshi le cambió el nombre a *Hangetsu* en algún momento a finales de los veinte o principios de los treinta al tratar de hacer que el karate fuera más japonés. Uno de los aportes que hizo fue cambiar los nombres de los *kata* utilizados en Okinawa, los cuales le resultaban incomprensibles a la población japonesa, por nombres que parecieran más japoneses.

No hace falta decir que el hecho de que todos los estilos comparten este mismo *kata* es tremendamente útil y valioso, ya que nos permite comparar la versión del *kata* de cada estilo. Espero que este trabajo nos cuente mucho sobre el Shotokan y su conexión con el Naha Te. Hay tres puntos interesantes que hacen que el *kata* Hangetsu sea un *kata* muy singular y misterioso:

- Contiene *hangetsu dachi.*
- Utiliza movimientos lentos en la primera parte.
- Contiene la instrucción olvidada de la respiración *ibuki.*

Hangetsu dachi

La mayoría de los lectores saben que el nombre *Hangetsu* (半月, 'media luna') fue adoptado porque los pasos de este *kata* se ejecutan con un movimiento circular hacia adentro. En el Shotokan, enfatizamos las posturas externas, como *kiba dachi*, *zenkutsu dachi* y *kokutsu dachi*; por lo tanto, las posturas de tensión interna, incluido *hangetsu dachi*, no son populares. De hecho, las posturas internas no formaban parte de mi práctica de *kihon* regular durante mis días con la JKA.

Recuerdo claramente cuando aprendí esta postura a principios de los setenta. Mi *senpai* dijo: "Ponte en *zenkutsu dachi*. Ahora, voltea el pie de adelante treinta grados hacia adentro. Luego, aprieta las rodillas hacia adentro". ¡Guau! Fue una sensación muy extraña, y se me hizo difícil mantener la postura. Me preocupaba que se me fueran a dañar las rodillas al apretarlas tanto.

Otro problema era la dificultad de mantener el *hangetsu dachi* durante los diez primeros movimientos lentos que llevan al *morote shuto gedan uke* (o *uchi*). Al realizar las técnicas de la parte superior del cuerpo, tendía a olvidarme de la tensión interna de las piernas. Recuerdo claramente la gran dificultad de mantener el *hangetsu dachi* durante todo este *kata*.

A continuación se encuentra una foto de nuestro *hangetsu dachi* con su diagrama correspondiente (foto A). Ésta es la forma de *hangetsu dachi* que aprendí yo hace muchos años, y sospecho que así se le ha instruido al lector o que así les instruye a sus estudiantes ahora.

En el volumen 7 de *Best Karate*, Nakayama escribe lo siguiente respecto a *hangetsu dachi* (texto traducido):

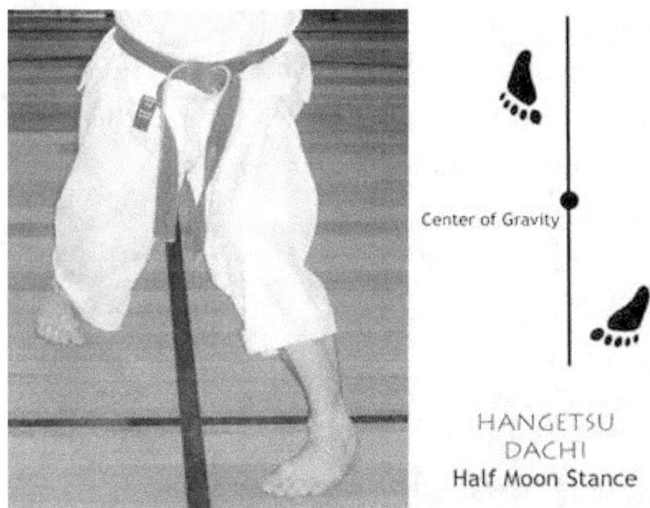

A. *Hangetsu dachi* del Shotokan

Un poco más estrecho que la postura delantera, los dos pies se voltean hacia adentro, hacia la línea que conecta los empeines, y las dos rodillas se voltean hacia adentro. Es importante que los talones y los bordes externos de los dos pies (*sokuto*) estén firmemente plantados.

En *Dynamic Karate*, explica el *hangetsu dachi* como (texto traducido)

una postura intermedia entre la postura delantera y la postura del reloj de arena. La colocación de los pies es casi la misma que la de la postura delantera, pero, en el caso de *hangetsu*, la distancia entre los pies es más corta. Sin embargo, el método de forzar las rodillas hacia adentro es parecido al de la postura del reloj de arena. Esta postura es útil tanto para el ataque como para la defensa, pero tiende a ser utilizada más para la defensa.

Conforme iba avanzando hacia los grados mayores y aprendiendo los veintiséis *kata* de la JKA, me di cuenta de que encontramos *neko ashi dachi* y *sanchin dachi* en otros *kata* (p. ej., Nijushiho [二十四歩], Unsu y Wankan). Por otro lado, no se encuentra *hangetsu dachi* en ningún lado más que en el *kata* Hangetsu. Conforme mi investigación se iba extendiendo a otros estilos, ¡descubrí que ningún otro estilo tiene *hangetsu dachi*!

Inicialmente, investigué cómo los estilos del Naha Te ejecutan sus *kata*, ya que se enfocan en las posturas de tensión interna. Descubrí que todos utilizan *sanchin dachi* en Seisan (véanse las fotos B y C a continuación).

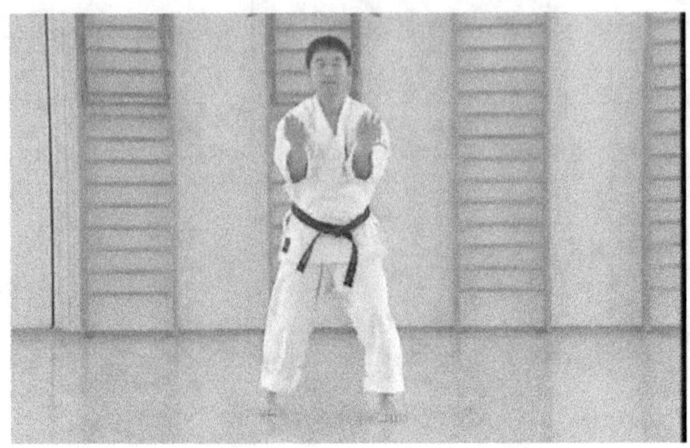

B. Seisan del Goju Ryu

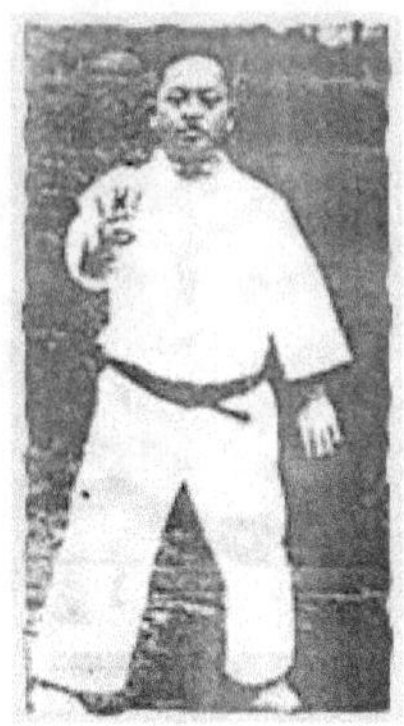

C. Seisan del Shito Ryu

El Wado Ryu (和道流) es un estilo derivado del Shotokan, y su *kata* se llama *Seishan*. La postura *seishan*, la cual aparece a continuación con su diagrama correspondiente (foto D), es parecida a *hangetsu dachi* (con el pie de adelante volteado hacia adentro y las rodillas metidas), pero es mucho más corta y se parece más a *sanchin dachi*. De hecho, los sitios de algunos *dojo* de Wado Ryu describen *seishan dachi* como si fuera igual a *sanchin dachi*.

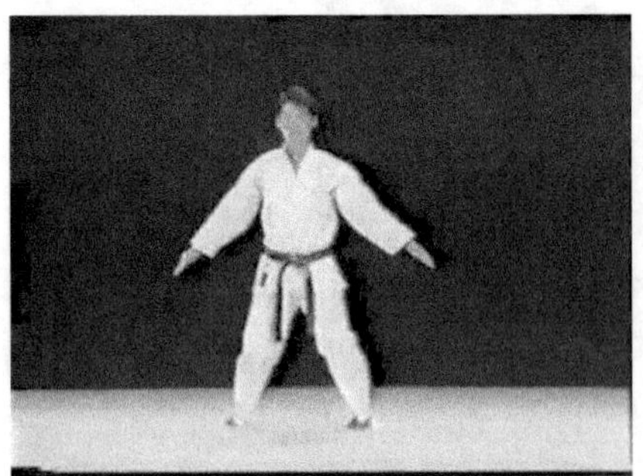

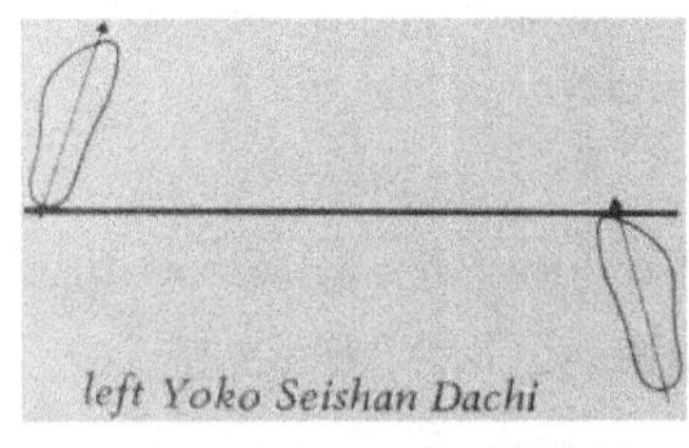

D. *Seishan dachi* del Wado Ryu

Ahora tenemos que revisar el estilo original del Shuri Te de donde se originó el Shotokan. El Shorin Ryu (少林流, 小林流 o 松林流) es el estilo principal del Shuri Te, y la postura que utiliza en el *kata* Seisan aparece a continuación (foto E).

La postura casi se parece a *shiko dachi*. La pierna de atrás está bastante doblada, e incluso la rodilla está forzada hacia afuera. Obviamente, utilizan posturas de tensión externa en su *kata* Seisan.

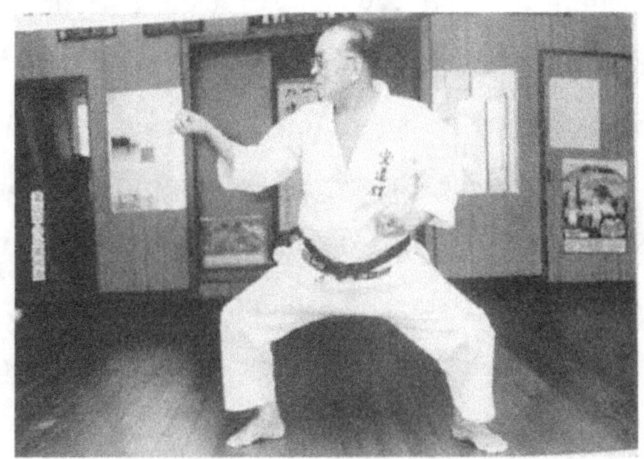

E. Seisan del Shorin Ryu

Veamos ahora la versión de la Shotokai. La Shotokai adoptó el nuevo nombre, *Hangetsu*, cuando lo cambió Funakoshi. La foto que se encuentra a continuación (foto F) muestra un movimiento (*morote gedan kakiwake*) de Hangetsu.

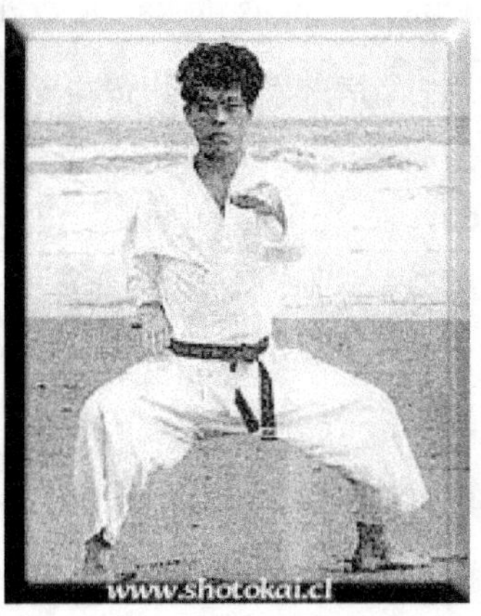

F. Postura de la Shotokai

Ésta es la postura que utilizan en Hangetsu (véase *Karate Do Kyohan*), y vemos que es muy parecida a la del Shorin Ryu con la rodilla de atrás forzada hacia afuera casi como *shiko dachi* o *sochin dachi*. Basado en lo mucho que se parecen el *kata* Seisan del Shorin Ryu y el *kata* Hangetsu de la Shotokai, fácilmente podemos determinar que aquél fue el ancestro de éste.

He aquí un video de Hangetsu interpretado por un practicante de la Shotokai: www.youtube.com/watch?v=FvULsvwrxYs. La calidad del video es muy baja, pero podemos ver muy claramente las posturas.

Puesto que la Shotokai es un seguidor devoto de Funakoshi, no sé por qué mantuvo la postura externa en vez de seguir el cambio de postura que hizo Funakoshi. Me gustaría recibir información de parte de los practicantes de la Shotokai o de cualquiera que haya investigado esta área para resolver este misterio.

Después de revisar las posturas de todos estos estilos, podemos concluir que ni los estilos del Shuri Te ni los estilos del Naha Te, enfocándose éstos últimos en las posturas internas, tienen el *hangetsu dachi* (una postura interna) que conocemos hoy en día. Así que ahora queremos saber por qué *hangetsu dachi* ocupa una posición única en el Shotokan entre todos los estilos. Ésta es una gran pregunta, y soy consciente de que mi respuesta puede ser muy controvertida.

Se cree que Funakoshi aprendió karate de dos maestros: Anko Itosu y Anko Azato. La fuente principal de las técnicas de karate de Funakoshi fue el Shuri Te, y algunos afirman que no adquirió muchas técnicas del Naha Te. Esta afirmación sí tiene sentido, ya que las posturas del Shotokan son principalmente largas y externas, y su estilo definitivamente se enfoca en el combate a larga distancia.

Para la mayoría de los expertos del Shuri Te, esto era suficiente, ya que consideraban que el Shuri Te era el arte marcial auténtico y tradicional de Okinawa, el *te* (o *ti*). ¿Por qué se enfocó el Shuri Te en el combate a larga distancia? Para obtener esa respuesta, tendremos que entrar en la historia del combate antiguo de Okinawa.

Es un hecho que el mineral de hierro siempre ha sido escaso en Okinawa. El pueblo antiguo de Okinawa no podía producir acero para forjar espadas y otras armas de acero así como lo podían hacer los japoneses. Es por eso que la mayoría de las armas del *kobudo* de Okinawa, como el *bo* (棒), el *nunchaku* (ヌンチャク), el *tonfa* (トンファー) e incluso el remo, son de madera. Las espadas sólo eran accesibles para los *bushi* (武士, 'guerrero' o '*samurai*') de alto rango; por lo tanto, obviamente, la mayoría de los *bushi* tuvieron que desarrollar métodos de combate a larga distancia para pelear contra los atacantes armados.

Los estilos del Naha Te, como el Goju Ryu y el Uechi Ryu, son mucho más recientes, ya que los fundadores de esos estilos viajaron a China principalmente para aprender *hakutsuru ken* (*kung fu* Grulla Blanca) en el siglo XIX. Debido a su corta historia, al Naha Te todavía le faltaba credibilidad a principios del siglo XX, y entiendo por qué Funakoshi no se entrenó profundamente en los estilos del Naha Te.

Reconociendo que Funakoshi era educador y un *karateka* dedicado, estoy seguro de que trató de incorporar algunas de las ideas del Naha Te. Ha de haber sabido la importancia de las posturas internas y de la respiración *ibuki*, que son los dos principios fundamentales del Naha Te. El Naha Te utiliza *sanchin dachi*, pero él quería una postura más larga para el Shotokan, el cual es un sistema de combate a larga distancia. Por lo tanto, creó una postura larga con tensión interna, una combinación de *zenkutsu dachi* y *sanchin dachi*. Esa nueva creación fue *hangetsu dachi*.

Movimientos lentos

Los diez primeros movimientos —el número puede variar, dependiendo de cómo se cuenten los movimientos— desde el primer *chudan uchi ude uke* izquierdo hasta el *morote shuto gedan uke* (o *uchi*), se realizan muy lentamente (como en el *taichi*), y el movimiento de los pasos se debe coordinar con las técnicas de *uchi ude uke*. Esto es extremadamente único entre los *kata* del Shotokan, y no se ha dado mucha explicación de por qué debemos ejecutarlo de esta manera. Una explicación común es que es un ejercicio de coordinación como los dos primeros movimientos lentos de Heian Yondan. Pero ¿por qué hay diez movimientos lentos seguidos? Ha de haber una razón seria, pero esto nadie lo ha tratado completamente.

Debido a estos movimientos “fáciles”, se considera erróneamente que este *kata* es para los practicantes mayores. Además, Hangetsu no es una opción popular en los torneos. Por otro lado, seguido vemos que los maestros mayores lo ejecutan en forma de demostración. Yo recuerdo haber observado demostraciones frecuentes de Hangetsu en los setenta y ochenta en Japón y EE.UU. Recuerdo haber visto a Nishiyama hacer una demostración de Hangetsu con un *bunkai* impresionante en Manhattan, Nueva York, hace más de treinta años. También estaba Enoeda Sensei e hizo una demostración de otro *kata*.

Debemos considerar más a fondo por qué los maestros elegirían este *kata* para las demostraciones. Comparemos el ritmo, particularmente el de la primera parte de este *kata*, entre las versiones de los otros estilos.

Wado Ryu (Shuri Te)

He aquí un video de Hironori Otsuka ejecutando Seishan: www.youtube.com/watch?v=ckH_3iIRKwg. El Wado Ryu es un estilo que es muy parecido al Shotokan, ya que su fundador, Hironori Otsuka (大塚博紀, 1892–1982), fue uno de los discípulos de Funakoshi.

Después de ver el video del Seishan de Otsuka, se puede reconocer fácilmente que éste es el mismo *kata*. Una de las diferencias es que Otsuka sigue con los movimientos lentos después del *morote shuto gedan uke* hasta las secuencias de *chudan uchi ude uke* y *nihon zuki*, que se ejecutan rápidamente. Obviamente, Otsuka eligió realizar los movimientos lentos de una forma más agresiva que la de Funakoshi, y creo que Otsuka sentía que el objetivo de este *kata* era lo suficientemente importante como para extender estos movimientos lentos.

Shorin Ryu de Okinawa (Shuri Te)

He aquí un video del Seisan del Seibukan de Okinawa: www.youtube.com/watch?v=LFSnV7s_5i0.

Los movimientos de los pies tienen la forma de media luna realizada lentamente hacia adentro, pero los movimientos de los brazos se realizan rápidamente. Otra cosa interesante es que después del *gyaku zuki* derecho, se ejecuta rápidamente un *chudan uchi ude uke* derecho desde la posición *gyaku* (manteniendo el *zenkutsu dachi* izquierdo). Luego, hay un paso adelante y un *shiko dachi* derecho sin que se muevan los brazos (siendo el paso un poco lento). Después de realizar el *shiko dachi* derecho, se ejecuta un *gyaku zuki* izquierdo de manera fuerte y rápida. Esta secuencia se repite una vez más.

El Seibukan mantiene su tradición de posturas externas al terminar este *kata* con un *zenkutsu dachi* (una postura externa). Es interesante notar que el Shotokan, por otro lado, termina con un *neko ashi dachi* (una postura interna).

Goju Ryu (Naha Te)

Éste es el estilo más famoso del grupo Naha Te. La diferencia principal entre el Goju Ryu y la mayoría de los demás estilos es que el Goju Ryu utiliza el *ibuki*, que es un método de respiración más pesada (que se explica más adelante en este capítulo), durante le ejecución de este *kata*. En lo que se refiere a la primera decena de movimientos aproximadamente, al comienzo del *kata*, se da un paso lento hacia un *sanchin dachi* derecho y se realiza una posición de *morote uchi kakiwake*, la cual parece una ejecución de *chudan uchi uke* con los dos brazos a la vez. En este movimiento, hay coordinación entre la postura y el movimiento de los brazos. Luego, un brazo se retrae lentamente hasta la posición de la cadera antes de ejecutar un *chudan zuki* seguido rápidamente de un *chudan uchi ude uke*. Estos movimientos son bastante diferentes a los de Hangetsu. El siguiente paso hacia el *sanchin dachi* izquierdo se da a una velocidad normal, y los dos brazos se sostienen en posición de *kakiwake*. He aquí un video de la versión de Seisan del Goju Ryu: www.youtube.com/watch?v=Ba2qjV0GFa4.

Shito Ryu (Naha Te)

El Shito Ryu es un estilo hermano del Shotokan, ya que los fundadores de los dos estilos tenían un maestro de Okinawa en común, Anko Itosu. Sin embargo, el *kata* Seisan del Shito Ryu es bastante diferente a Hangetsu y se parece mucho más al Seisan del Goju Ryu.

A continuación se encuentran unos videos de las versiones de dos otros estilos del Naha Te, Ryuei Ryu (劉衛流) y Uechi Ryu (上地流), para hacer más comparaciones:

Seisan del Ryuei Ryu: www.youtube.com/watch?v=vTtRyNjA2eY
Seisan del Uechi Ryu: www.youtube.com/watch?v=7zXmNYXxRO0

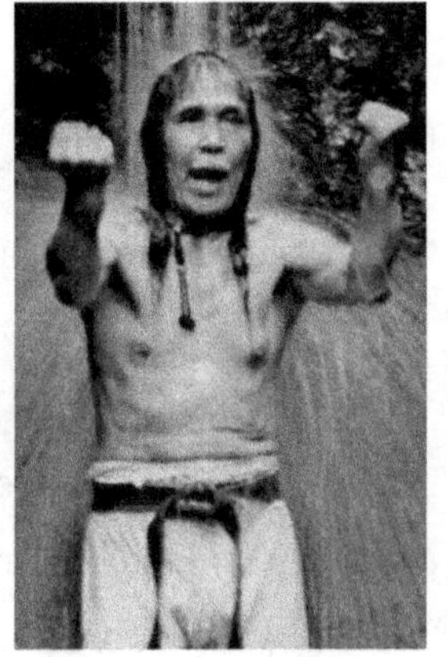

La conclusión es que los otros estilos demuestran algunos movimientos lentos en sus *kata* Seisan, pero ninguno de ellos realiza los movimientos lentos consecutivos que se encuentran en Hangetsu. Entonces, ¿de dónde viene esta idea? Para contestar esto, necesitamos ver un video del *kata* Sanchin de la Goju Kai tal como lo ejecuta Goshi Yamaguchi (山口剛史, 1942–): www.youtube.com/watch?v=EpEVNUIkVx8.

Al comparar el *kata* Seisan con el *kata* Sanchin, curiosamente, notarás el hecho peculiar de que los movimientos lentos de los pies y los brazos de los tres o cuatro primeros pasos son idénticos a los de Hangetsu, salvo que los movimientos de los pies y los brazos de Sanchin se hacen con respiración *ibuki*.

Funakoshi ha de haber conocido las ventajas del Naha Te y ha de haber querido incorporar a sus enseñanzas la coordinación de la postura de tensión interna y el movimiento de los brazos y las piernas con la respiración. Los estilos del Naha Te tienen el *kata* Sanchin para este propósito, pero él no escogió ese *kata* —más adelante se explicará la razón—. Mejor eligió un *kata* parecido, el cual convenientemente tenía una postura más larga: Seishan.

Funakoshi quería crear un *kata* único para complementar el currículo de *kata* del Shotokan. Podemos ver el deseo de Funakoshi de crear un *kata* nuevo en el hecho de que le puso un nombre completamente diferente. Como he explicado anteriormente, *Seisan* o *Seishan* significa 'trece'. Ya tenemos varios *kata* con números, como Jutte ('diez manos') y Nijushiho ('veinticuatro pasos'). Le podría haber puesto *Jusante* o *Jusanho*, pero no lo hizo. Se le ocurrió mejor un nombre completamente nuevo que no tenía nada que ver: Hangetsu.

Se registra que el motivo de este nombre nuevo provino de los movimientos de media luna de los brazos y pies. Sin embargo, el paso de media luna no es exclusivo de *hangetsu dachi*, ya que utilizamos un paso parecido al realizar *zenkutsu dachi*, así que esto no tiene sentido. Debo decir que había una motivación oculta en Funakoshi, la cual nunca se ha revelado.

Respiración *ibuki*

Hay dos principios básicos importantes en los estilos del Naha Te. Uno es el *kata* Sanchin, y se ejecuta junto con el otro, *ibuki*. Éste es un método de respiración muy importante entre los estilos del Naha Te, tales como el Goju Ryu, el Isshin Ryu (一心流) y el Uechi Ryu, así como el Kyokushinkai (極真会) —Masutatsu Oyama (大山倍達, 1923–1994) afirmó en su libro que lo había aprendido del Goju Ryu—.

El *kata* Sanchin se ejecuta con *ibuki* para que el practicante aprenda el proceso complejo de tensión y relajación de los músculos internos del cuerpo. Supuestamente, este ejercicio hace que el cuerpo sea más resistente a los golpes de los atacantes. Durante el entrenamiento, un *sensei* o un *senpai* verifica el nivel de tensión correcta golpeándole o dándole patadas al practicante en muchas diferentes partes del cuerpo, incluidos algunos *kyusho* (急所, 'puntos vitales'), como el plexo solar y la ingle, mientras ejecuta el *kata* Sanchin.

Los estilos del Naha Te se basan en un sistema de combate a corta distancia. En una pelea a corta distancia, tiendes a recibir múltiples golpes en vez de un solo golpe o patada de remate como se hace en el Shotokan, un sistema de combate a larga distancia. Así que este ejercicio es para aumentar la capacidad de defensa de los practicantes del Naha Te.

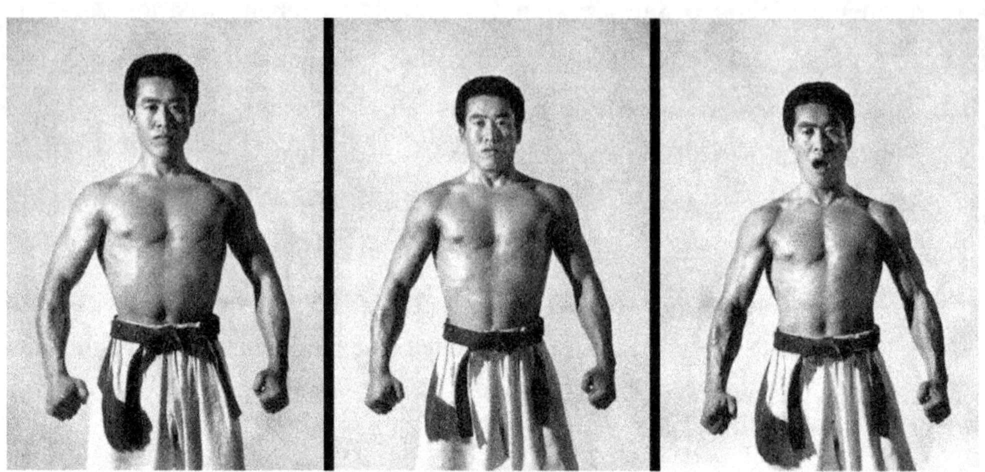

¿Por qué Funakoshi no eligió incorporar el *kata* Sanchin, el *kata* fundamental de los estilos del Naha Te, al currículo del Shotokan? Creo que hubo tres razones clave.

La primera razón es que el *kata* Sanchin se ejecuta con *sanchin dachi*, una postura corta, y él sentía que un *kata* del Shotokan necesitaba una postura más larga. Así que inventó una postura interna, *hangetsu dachi*, al mezclar *zenkutsu dachi* con *sanchin dachi*. Como he mencionado anteriormente, esta postura es original de Funakoshi, y ésta es precisamente la razón por la cual la postura *hangetsu* no se encuentra en ningún otro estilo.

La segunda razón es que no aceptaba el ruido pesado del *ibuki*. El método de respiración del Shuri Te es silencioso. Esto se debe a que él creía, como todos los practicantes del Shuri Te, que los combatientes tenían que ocultar su respiración y mantenerla lo más imperceptible que se pudiera, sobre todo al inhalar (cuando el cuerpo se relaja y, por lo tanto, se vuelve más débil).

No le gustaba el ruido pesado de la respiración *ibuki*, aunque este ejercicio sólo se utilizaba para los ejercicios de tensión corporal. Por consiguiente, Funakoshi adoptó el método de respiración de otro *kata* (Seishan) y no enfatizó la respiración pesada y escandalosa del *ibuki*, ni la explicó en sus libros. Sí se la enseñó a sus discípulos como un ejercicio esencial, cosa que se ha perdido, y hay pruebas de que Nakayama la aprendió, las cuales mostraré más adelante.

La tercera razón es que Funakoshi no aprobaba la práctica de darles golpes de verdad a los practicantes como se practicaba en el Goju Ryu y el Uechi Ryu. Su entrenamiento consistía principalmente en *kata* y un poco de *kumite*. En realidad, muchos estudiantes universitarios no estaban satisfechos con sus métodos de entrenamiento y practicaban el *jiyu kumite* en secreto. Cuando Funakoshi se enteró de esto en una de las universidades, se enojó tanto que renunció a su puesto de profesor. Después, cuando permitió —aunque quería muy bien— que los estudiantes practicaran algo de *kumite* controlado (p. ej., *ippon kumite*, *sanbon kumite*, etc.), exigió que usaran el método de semicontacto *sundome* (寸止め, 'parada a una pulgada'). A base de esto, fácilmente podemos ver que a Funakoshi no le gustaba la idea de un ejercicio que acondicionara el cuerpo utilizando golpes y patadas de verdad.

En conclusión, Funakoshi modificó el *kata* Sanchin para crear el *kata* Hangetsu porque no quería adoptar su postura corta, su práctica de respiración ruidosa de *ibuki* o su ejercicio de acondicionamiento físico.

Desde el principio, este método de respiración no se les enfatizó a muchos instructores de Shotokan. Por consiguiente, al enseñar el *kata* Hangetsu hoy en día, no se facilita instrucción sobre la respiración y la forma correcta de tensar las piernas. Aunque se mencione un método de respiración, muchas veces la instrucción es muy simplista: "Usa una respiración larga" o "Usa una respiración lenta".

Las técnicas de respiración y exhalación se tienen que enseñar correctamente en cada movimiento. Algunas partes de la respiración y los movimientos son más complejas, pero no voy a entrar en detalles en este capítulo. Sugiero que los lectores interesados hagan su propia investigación y que posiblemente busquen un instructor que sepa enseñar el método de respiración *ibuki*.

Hay otra gran pregunta que debemos contestar: ¿por qué hay una diferencia entre la postura de Funakoshi observada en los 1920 y la forma en que la realizamos ahora? A continuación se encuentran unas fotos antiguas de él ejecutando Hangetsu (Seishan) en los 1920.

En *Karate Do Kyohan*, Funakoshi menciona lo siguiente respecto al *kata* Hangetsu (texto traducido):

> Esta forma es de la escuela Shōrei, la cual enfatiza en particular el acondicionamiento y el desarrollo del cuerpo. Estos movimientos se ejecutan lentamente y demuestran la aplicación de la fuerza en los puntos esenciales de cada técnica. Este hecho se debe tomar en cuenta al realizar la forma, sobre todo en el modo de aplicación de la fuerza y en la tensión de las piernas.

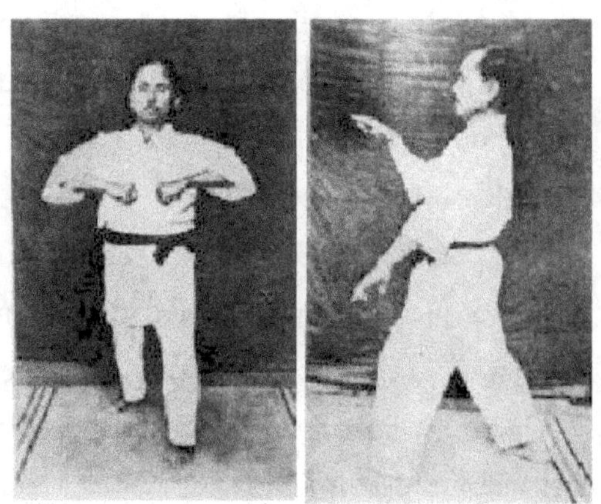

La postura de las fotos a la derecha parece un *zenkutsu dachi* corto y, en realidad, es muy parecida a la postura que demostraba Otsuka del Wado Ryu en sus *kata*. Entonces, Otsuka sí adoptó el *seisan dachi* así como lo enseñaba Funakoshi en los 1920.

Originalmente, como se ve en las fotos, Funakoshi no requería que se metieran las rodillas así como lo hacemos ahora. No era necesario, ya que ha de haber enseñado este *kata* con una respiración parecida al *ibuki*. Si realizas *ibuki*, te darás cuenta de que se aprieta la parte interna de las piernas y aumenta la tensión del área inferior del abdomen (*tanden* [丹田]), sobre todo al momento de exhalar; por lo tanto, las piernas se meten naturalmente.

Desafortunadamente, la mayoría de los instructores ignoraron y olvidaron la parte de este *kata* que tiene que ver con el *ibuki*. Yo creo que ésta es la razón principal por la cual el *kata* Hangetsu se volvió tan impopular.

Nakayama fue la persona principal que creó el karate de la JKA después de la fundación de la misma en 1947. Era una persona bien educada que aportó un método "científico" al karate. Muchas de las explicaciones de las técnicas de karate dadas en sus libros incluían mecanismos científicos como engranajes y palancas.

Estoy seguro de que aprendió el *ibuki* de Funakoshi, pero también le quitó el énfasis así como lo hizo Funakoshi. Consideraba que este método de respiración era muy confuso para el Shotokan, ya que también creía en un método de respiración silencioso. El *ibuki* crea una tensión interna de los músculos, la cual es externamente invisible. Por lo tanto, Nakayama tuvo que elegir otro método para llevar las rodillas hacia adentro para crear una postura de tensión interna.

Cuando los practicantes ignoraron la respiración *ibuki* de este *kata*, naturalmente se les hizo difícil mantener la tensión interna de las piernas. Por lo tanto, al *hangetsu dachi* se le agregó un apretón exagerado de las rodillas para mantener la tensión interna. Pero este cambio sólo sirvió para ocultar un ingrediente importante de este *kata* único.

Aunque abandonó el *ibuki*, todavía consideraba que era importante la coordinación de los movimientos con la respiración en este *kata*. Así que en el volumen 7 de *Best Karate*, escribe: "Las técnicas rápidas y lentas, los movimientos de manos y pies coordinados con la respiración y el deslizamiento de los pies con movimientos en forma de arco son característicos de este *kata*" (texto traducido).

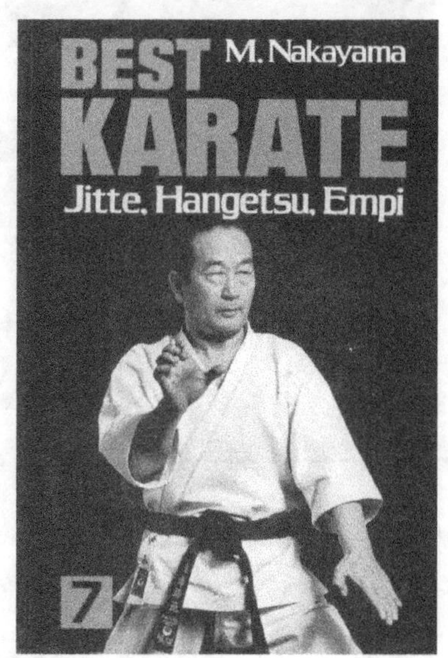

Si tienes este libro, fíjate bien en la foto de la portada (foto a la derecha). Aquí se puede observar claramente que Nakayama tiene la boca un poco abierta. Aquí hay una pista que indica que está realizando una exhalación con la boca abierta durante su ejecución del *kata* Hangetsu. Desafortunadamente, sin embargo, no encontramos instrucciones de cómo practicar la respiración ni en este libro ni en ninguno de sus libros.

Fue muy ingenioso de parte de Funakoshi meter las técnicas del Naha Te de la forma en que las organizó. Creó una postura de tensión interna específicamente para el Shotokan: *hangetsu dachi*. También modificó el *kata* Seishan del Shuri Te para que se moviera como el *kata* Sanchin con un toque de ejercicio de respiración, uno de los componentes principales de las técnicas del Naha Te.

Sin embargo, estoy seguro de que el lector estará de acuerdo en que fue un acontecimiento (o retroceso) muy desafortunado que el Shotokan ignorara el concepto fundamental del ejercicio de respiración en el proceso. Por consiguiente, casi perdimos el arte de la respiración pesada y de la coordinación de los músculos internos del cuerpo que se enseña en este *kata*. Así que tenemos que reconocer que la tragedia es que perdimos esta conexión importante con las técnicas del Naha Te. Es por eso que digo que Hangetsu es el eslabón perdido con el Naha Te.

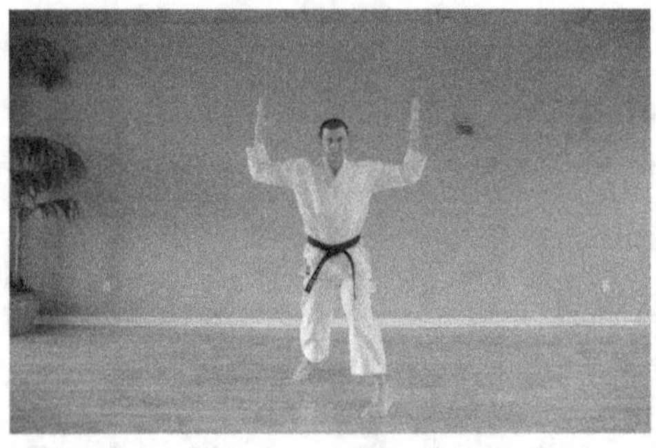

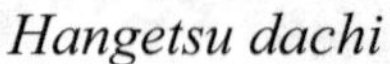

Hangetsu dachi

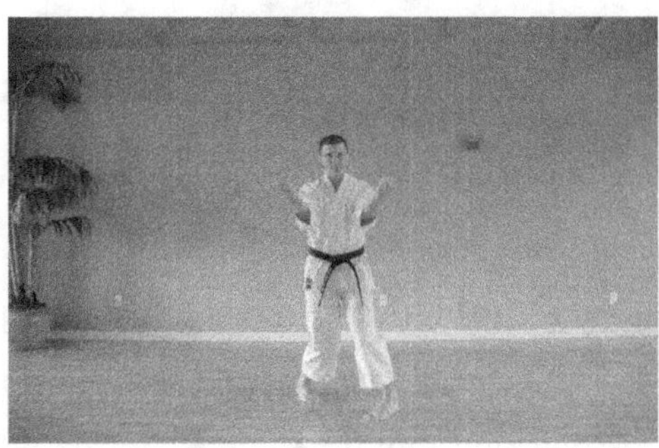

Sanchin dachi

Capítulo doce
第十二章

Bujutsu o budo
武術か武道か

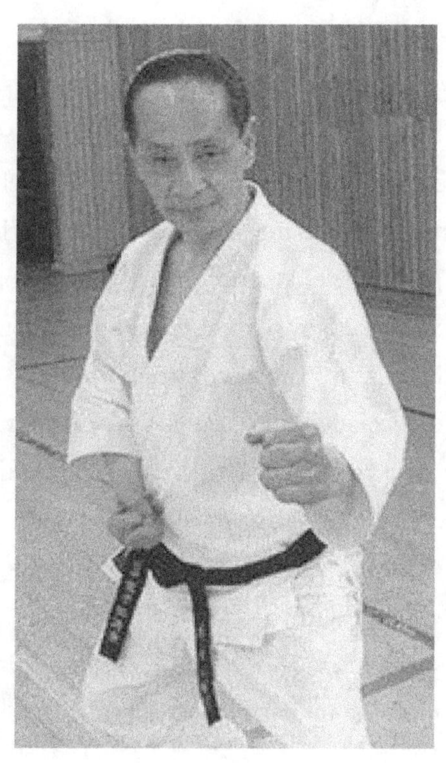

¿Estás practicando el karate como *bujutsu* (武術) o *budo* (武道)? ¿Te importa? Espero que sí. Yo creo que sí importa, y les debemos hacer esta pregunta a todos los practicantes e instructores del karate. Desafortunadamente, a muchos no les importa. Y aunque les importe, o no saben distinguir entre los dos o son demasiado flojos para investigar estos conceptos. Veamos algunas razones populares por las cuales la gente elige practicar el karate:

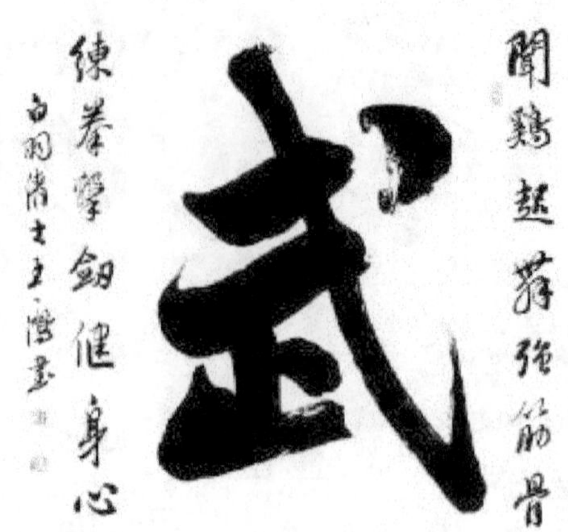

- Defensa personal
- Salud/acondicionamiento físico
- Reducción del estrés/bienestar mental
- Competencias/torneos

Todas estas razones son buenas y respetables. No debemos juzgar ninguna de estas razones ni considerar que ninguna sea mejor que las demás. Aunque me alegra ver que la gente practique el karate por cualquier razón, me preocupa mucho la tendencia actual hacia un altísimo nivel de participación en las actividades de competencia, sobre todo entre los niños y jóvenes.

De hecho, se pone demasiado énfasis en ganar. A los participantes se les enseña a hacer lo que sea necesario para ganar las peleas. Se les anima a hacer cosas como sólo utilizar ciertas técnicas que facilitan el ganar puntos, manipular las reglas, hacer jugadas ilegales (p. ej., ocultarles las técnicas a los árbitros), cambiar los movimientos de los *kata* para que se vean "extravagantes", etc. Su objetivo final es ganar sin hacerle caso a nada más, y ésa es la esencia del *bujutsu*, 'artes marciales'. El siglo XVI en Japón fue un período de guerra, y a los que vivían en aquella época sólo les importaba tener la mejor habilidad en el manejo de la espada para sobrevivir a las batallas.

Entonces, ¿cuál es la diferencia entre el *bujutsu* y el *budo*? Creo que la mitad del problema proviene del hecho de que muchos de nosotros no tenemos un claro entendimiento de las diferencias entre los dos términos y conceptos. La mayoría de nosotros creemos que son iguales o que son intercambiables. Éste es el concepto erróneo más grave, y es donde comienza el gran problema.

Quería ver si podía encontrar una definición de *bujutsu* en el diccionario. Así que lo busqué en el sitio de la Real Academia Española pero, curiosamente, no lo encontré. Bajo *bujutsu*, sólo decía: "Aviso: La palabra *bujutsu* no está en el Diccionario". Entonces, me puse a buscar *budo*. Pero sólo apareció el mismo mensaje, junto con una lista de sugerencias de palabras que "podrían estar relacionadas".

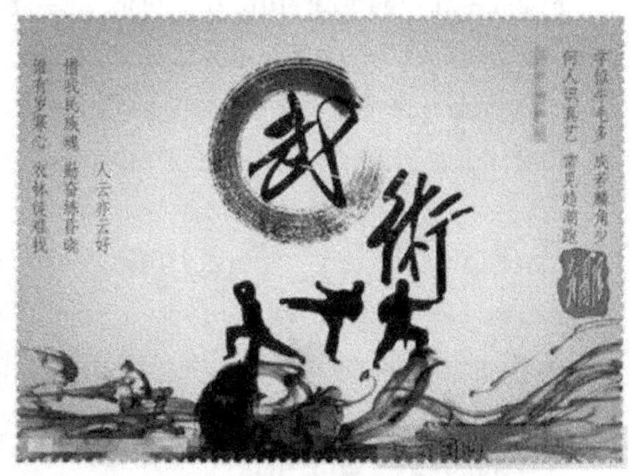

Luego me puse a buscar otra fuente donde se explicara la diferencia entre *bujutsu* and *budo*. Aunque no lo creas, sí encontré un libro que trata el significado y el uso de los términos *bujutsu* y *budo*. Es un libro de Karl Friday que se llama *Legacies of the Sword: the Kashima-Shinryū and Samurai Martial Culture* ('*Legados de la espada: la cultura marcial del Kashima-Shinryū y de los Samurai*' [University of Hawai'i Press, 1997]). También compara otro término, *bugei* (武芸), pero no vamos a tratar eso, ya que no tiene conexión directa con el tema que estamos tratando aquí. He aquí unos pasajes de la obra del Sr. Friday (texto traducido):

> El significado y el uso de los términos *budō*, *bujutsu* y *bugei* como nombres de las artes marciales de Japón son temas de bastante confusión y error entre los practicantes y aficionados de estas artes —tanto los japoneses como los occidentales—. Entre las autoridades modernas de Japón, los términos han adquirido un uso más o menos convencional adoptado principalmente para facilitar el trato de los múltiples objetivos

> y propósitos del entrenamiento de combate: *bujutsu* (habilidades guerreras) describe las varias disciplinas marciales japonesas en su función original como artes de guerra; *budō* (el camino del guerrero) indica el proceso por el cual el estudio del *bujutsu* se convierte en un medio para alcanzar el desarrollo personal y la autorrealización; y *bugei* (artes guerreras) es un término general para las ciencias militares japoneses tradicionales, que abarca tanto el *bujutsu* como el *budō*.
>
> Sin embargo, hay que enfatizar que este uso tan preciso es algo moderno —adoptado con fines analíticos— no tradicional. El proyectarlo a épocas anteriores, así como lo hace mucha literatura que trata las artes marciales japonesas, es anacrónico.
>
> Los textos occidentales que tratan las artes marciales japonesas frecuentemente aseveran que durante el período Tokugawa (1600–1868 d. C.) los maestros de las artes marciales comenzaron a sustituir el sufijo *jutsu*, que significa 'arte' o 'habilidad', por *dō*, que significa 'camino' o 'senda', en los nombres de sus disciplinas para distinguir entre lo sublime y los propósitos y aplicaciones puramente técnicos de las artes marciales. De modo que *kenjutsu*, 'el arte del manejo de la espada', se convirtió en *kendō*, 'el camino de la espada'; *bujutsu*, 'las habilidades marciales', se convirtió en *budō*, 'el camino marcial'; y así sucesivamente. Sin embargo, los documentos históricos no respaldan esta conclusión...
>
> *Budō* y *bujutsu* se pusieron de moda durante la Edad Media y la Edad Moderna. El significado de *budō*, que ya se publicaba desde por lo menos el siglo XIII, parece haber sido bastante ambiguo hasta el período Tokugawa, cuando a veces tenía connotaciones especiales. Aizawa Yasushi, estudioso y filósofo del siglo XIX, distinguía el *budō* del *bugei* de la siguiente manera: "Las artes de la espada, la lanza, el arco y la equitación son el *bugei*; el conocer el protocolo y el honor, el conservar el camino del caballero, el esmerarse en la frugalidad, y así convertirse en un baluarte del estado, es el *budō*" (Tominaga 1971). En otras palabras, al menos para algunos escritores del período Tokugawa, el *budō* tenía implicaciones mucho más amplias que las de hoy en día, y se refería a lo que los autores modernos muchas veces llaman, de forma anacrónica, *bushidō* —es decir, el código de conducta, no las artes militares, de la clase guerrera. No obstante, la nomenclatura de las disciplinas marciales utilizada antes de la era Meiji no revela ninguna sistematización discernible.

Quisiera agregar que me opongo rotundamente a la afirmación de algunas personas de que les corresponde a los practicantes e instructores decidir si están practicando o enseñando el *bujutsu* o el *budo*. Como dije anteriormente, el *bujutsu* es el arte de pelear o matar. Por otro lado, el *budo* es el arte de vivir o el arte de la vida —en el *aikido*, también se le dice *amor*—. Es el camino que desarrolla y mejora el carácter del practicante (como se enseña en el *Dojo Kun* [道場訓]) y ayuda a desarrollar principios en su mente. El *budo* te permite vivir de manera honesta y honrada, o por lo menos con principios.

Algunas personas tienen la idea errónea de que el *bujutsu* es superior a, o mejor que, el *budo*. Perfeccionar las técnicas de karate es el objetivo del *bujutsu*, y ganar la pelea es lo que más les importa. Puesto que el ganar no se considera el factor más importante en el *budo*, los practicantes del *bujutsu* afirman que el suyo es el camino del *samurai* y, por lo tanto, es superior.

Es cierto que el mejorar las habilidades y técnicas de karate forma parte del entrenamiento de *budo* —y es una parte importante también— pero, a diferencia del *bujutsu*, no es el objetivo final. Si el objetivo de nuestro interés es simplemente ganar (matar), entonces, ¿para qué nos molestamos en aprender un método antiguo y no tan eficaz como el karate? Es mucho más fácil ganar (matar) utilizando armas más letales, como pistolas o navajas. Sólo en las películas de Hong Kong o Hollywood puede un *karateka* u otro artista marcial ganarles a un montón de enemigos con espadas y armas.

En el pasado, he escuchado comentarios angustiosos de parte de muchos de mis estudiantes que decían que no entendían por qué algunos de los maestros (de octavo o noveno *dan*) hacían cosas que eran impropias de la imagen de un maestro. Escuché que algunos de los maestros habían mentido, habían hecho negocios chuecos con el dinero y habían hecho otras cosas vergonzosas.

Los estudiantes pensaban que muchos años de entrenamiento de karate mejorarían automáticamente el carácter de aquellos practicantes de alto rango. También suponían que la junta examinadora de sus organizaciones habría considerado el aspecto del carácter como uno de los requisitos para ser ascendido a un puesto de alto rango. Desafortunadamente, éste no ha sido el caso.

Un *karateka* muy hábil pero sin la disciplina del *budo* es como un ganador olímpico que hará cualquier cosa para ganar, lo cual incluye el hacer trampa, consumir drogas o manipular las reglas. Esto demuestra claramente que la mera superioridad física no garantiza automáticamente las cualidades no físicas, como el espíritu deportivo, el protocolo, la justicia o el respeto por los competidores, los árbitros o los espectadores.

Al practicar el karate según el camino del *budo*, puedes ir más allá de las habilidades físicas. Te enseña a ser una mejor persona, libre del ego, del odio y del deseo desenfrenado de dinero y poder. ¿Cómo sigue uno el camino del *budo*? ¿Es difícil? La respuesta es sí y no.

Es sólo una mentalidad, así que no es difícil empezar y entrenarse. Pero es sumamente difícil alcanzar la meta (la perfección del carácter). Es por eso que el *budo* muchas veces se compara con una experiencia religiosa o un concepto religioso. De hecho, en el *aikido*, han incorporado ritos religiosos a su ceremonia de entrenamiento. Es interesante notar la relación entre las antiguas artes marciales chinas (los padres del karate) y el budismo (*bukkyo* [仏教]). El templo Shaolin incluso es famoso por su papel en el entrenamiento de *kung fu*.

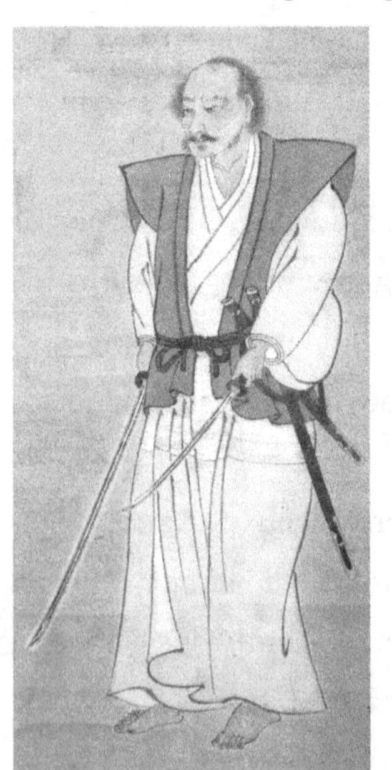

Vemos un buen ejemplo de los cambios que ocurren en la transición del *bujutsu* al *budo* en el bien conocido espadachín del siglo XVII Musashi Miyamoto (宮本武蔵, c. 1584–1645). Participó en más de sesenta duelos y los ganó todos; por lo tanto, se considera uno de los mejores espadachines de toda la historia. Sin embargo, aunque ganó todos sus duelos y se hizo bien conocido, ningún *daimyo* (大名, 'señor feudal') le quiso pedir que fuera uno de sus asesores.

El período de los Estados Beligerantes terminó a principios del siglo XVII, y los señores feudales ya no buscaban buenos guerreros. Se consideraba que Miyamoto era un gran espadachín (*bujutsu*) pero sin sabiduría o perspicacia. Podría haber seguido con sus duelos hasta después de los cuarenta años y, al hacerlo, podría haber ganado más puntos a su favor, por así decirlo. Pero decidió convertir su arte en *budo*.

Después de su decisión de dejar de pelear —tuvo su último duelo a la edad de treinta y nueve años— se dedicó a las artes de la pintura y la escultura, en las cuales se distinguió notablemente. Cuando tenía unos cuarenta y tantos años, fue contratado como asesor por uno de los gobernantes de la isla de Kyushu, Tadatoshi Hosokawa (細川忠利, 1586–1641). Allí permaneció hasta su muerte a la edad de sesenta y un años.

Durante sus últimos años, también escribió algunos libros famosos, incluido *Gorin no Sho* (五輪書, '*El libro de los cinco anillos*'), lo que demuestra que tenía un gran entendimiento no sólo del *bujutsu*, sino también del *budo*. Miyamoto no fue el único maestro de espadas que se convirtió en asesor de un señor feudal —Muneyoshi Yagyu (柳生宗厳, 1527–1606), el fundador del Shinkage Ryu (新陰流), llegó a ser asesor del *shogun*— pero aquí saco el tema de Miyamoto porque los occidentales lo conocen por su famoso libro *Gorin no Sho*, el cual es leído por los empresarios y utilizado como libro de texto en algunas universidades famosas.

El *budoka* (武道家) moderno quizás nunca llegue a ser primer ministro o presidente de su país sólo por haber dominado el *budo*, pero la gente sabrá que esta persona ha desarrollado un valor inquebrantable, una determinación incontenible y unos principios firmes para vivir y morir pacíficamente. Ahora está libre del ego y del deseo desenfrenado de dinero y poder. Nunca será un cobarde, ya que tiene el valor para arriesgar su vida por sus principios.

Ahora vivimos en un mundo más pacífico que el de los siglos XVI y XVII, pero el terrorismo y los asaltos son bastante comunes en las ciudades grandes. Si un ladrón quiere tu cartera, no es prudente arriesgar tu vida por una pequeña cantidad de dinero. Mejor le entregas tu cartera al ladrón, pero esto no lo haces por cobardía. Sin embargo, si un ladrón o terrorista amenaza con matar a tu familia, a tus amigos, a tus seres queridos o quizás a los pasajeros que vayan en el avión contigo, como maestro del *budo*, arriesgas tu vida para salvarlos.

No estoy rechazando completamente los torneos. El participar en un torneo puede ser una experiencia interesante y educativa para los jóvenes o para otros

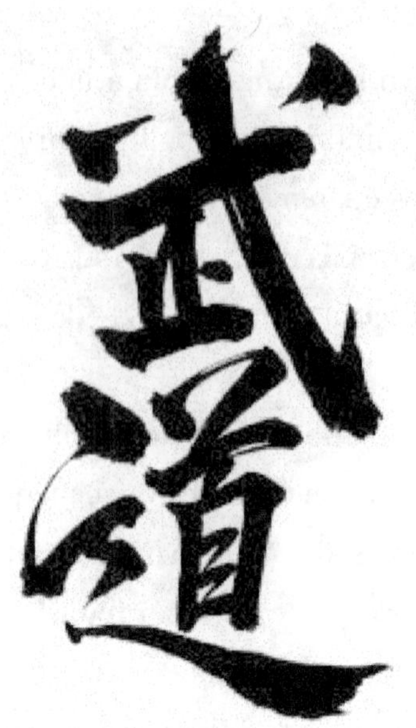

practicantes que todavía estén buscando el camino (*do* [道]). Sin embargo, sí siento que se ha puesto demasiado énfasis en los torneos últimamente en todo el mundo, incluso en Japón.

Tanto los practicantes como los instructores buscan consciente e inconscientemente el *bujutsu* mientras se alejan del *budo*. Se supone que un *shiai* es una ocasión en la que los practicantes pueden probar sus técnicas y aprender. Necesitamos decirles a los estudiantes que ganar o perder las peleas es secundario. Sin embargo, el karate en sí está cambiando para adaptarse a las reglas de los torneos y para ganar.

Funakoshi Sensei se oponía rotundamente a los torneos. Temía que ocurriera la tendencia que mencioné anteriormente. Me temo que su temor se está haciendo realidad, pero aún hay esperanza, ya que todavía hay muchos practicantes que desean ir más allá de las técnicas y habilidades físicas.

¿Cómo lo hacemos? Es sencillo: seguir las enseñanzas del maestro Funakoshi practicando el *Dojo Kun*. No debemos recitarlo sin sentirlo. Al recitarlo con un sincero deseo de seguirlo, lo interiorizaremos y finalmente podremos convertirlo en parte de nuestro carácter. Esto es tan difícil como el perfeccionamiento de las habilidades de karate. Puede que se lleve años, posiblemente toda la vida, para lograrlo. Pero te garantizo que tendrás una vida muy pacífica. Una vez que alcances esa meta final, sabrás enfrentarte a la muerte con una sonrisa en el rostro. Ésa es la esencia del *budo*.

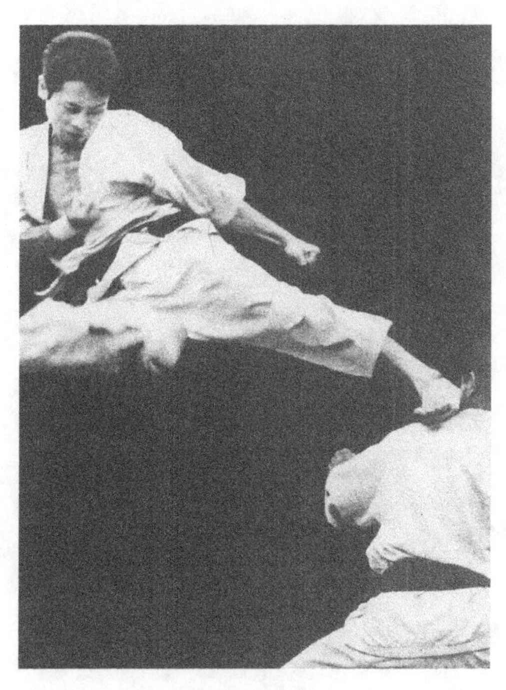

Capítulo trece
第十三章

¿Contradicción entre “Karate ni sente nashi” y “Sente hissho”?
「空手に先手無し」と「先手必勝」の矛盾

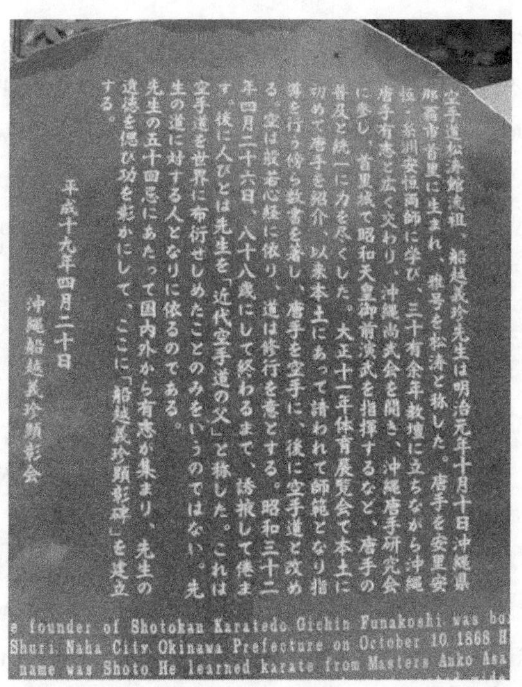

Estela conmemorativa para el maestro Funakoshi erigida en 2007

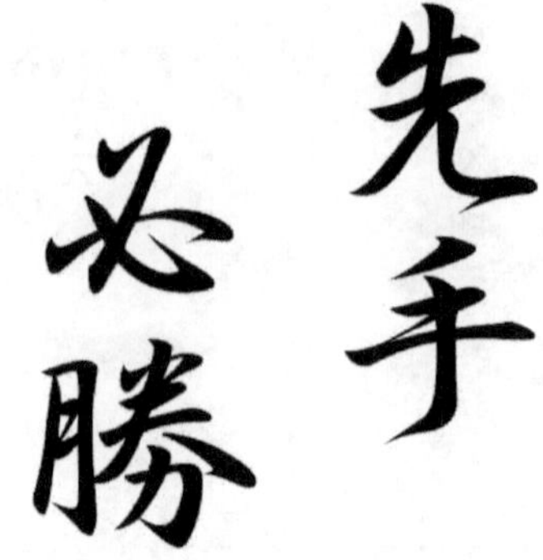

Hay un dicho popular que muchas veces va acompañado de un mito: *Karate ni sente nashi* (空手に先手無し, 'No hay primer ataque en el karate'). Curiosamente, aunque no es tan popular, hay otro dicho: *Sente hissho* (先手必勝, 'El primer ataque garantiza la victoria'). Entonces, ¿por qué es más conocido el dicho *Karate ni sente nashi* que el de *Sente hissho*?

Se supone que el concepto de *Karate ni sente nashi* simboliza el aspecto defensivo del karate. Sin embargo, muchos no entienden su verdadero significado, y un número considerable de personas creen erróneamente que este dicho les está diciendo que siempre esperen hasta que el atacante o el agresor inicie el ataque y que su primer movimiento e incluso sus movimientos posteriores sólo deben ser bloqueos (movimientos defensivos).

Una idea parecida a la de *Karate ni sente nashi* es el concepto de *go no sen* (後の先). Este concepto significa que uno provoca al atacante a hacer el primer movimiento y luego aprovecha eso para ganar la pelea. En comparación con *Sente hissho*, estos dos dichos parecen proponer ideas contrarias. Entonces, ¿estos conceptos o ideas diferentes de verdad se contradicen?

Empecemos con *go no sen*. La respuesta corta a esta pregunta es que esta táctica o patrón de iniciativa de ataque es sólo una de las tres tácticas o patrones. Las otras son *sen no sen* (先の先) y *sensen no sen* (先々の先). Como éste no es el tema principal de este capítulo, no voy dar una explicación completa, sino sólo un resumen de estos conceptos.

En el *go no sen* ('iniciativa reactiva'), esperas hasta que el atacante se mueva primero. La idea es la de provocar al atacante a realizar un movimiento o ataque determinado que quizás no sea su verdadera intención; por lo tanto, su ataque terminará siendo una técnica menos eficaz o indecisa. En el *sen no sen* ('iniciativa simultánea'), atacas en el momento que el atacante inicie su primer movimiento y ganas la pelea. En el *sensen no sen* ('iniciativa preventiva'), percibes la intención del atacante de moverse, y tu ataque ocurre en el momento que él determine su intención mientras su cuerpo aún no se ha movido.

De estos tres conceptos o tácticas, se considera que el *sensen no sen* es del nivel de habilidad más alto. Por lo tanto, se recomienda mucho menos el *go no sen* que los otros dos. Si *Sente hissho* es la doctrina, entonces, ¿qué significa realmente *Karate ni sente nashi*?

Sente es la palabra clave, y literalmente significa 'primera mano'; por lo tanto, se confunde con la idea del primer golpe. Sin embargo, la frase en realidad significa que el practicante del karate no debe provocar las peleas, ya que no debe elegir medios violentos para resolver los conflictos. Esta enseñanza coincide con el quinto *kun* del *Dojo Kun*: "*Kekki no yu o imashimeru koto*" (血気の勇を戒めること, 'Abstenerse del comportamiento violento').

Entonces, ¿por qué *Karate ni sente nashi* recibió más atención que *Sente hissho*? Es bastante obvio, y el lector fácilmente adivinará la respuesta. Funakoshi Sensei y Nakayama Sensei temían que los jóvenes e impetuosos practicantes del karate malentendieran el verdadero significado de *Sente hissho* y entendieran el dicho como una incitación o permiso para provocar las peleas. *Karate ni sente nashi* y *Sente hissho* son contradictorios en el sentido literal, pero son ideas compatibles y racionales que se aplican al aspecto mental del entrenamiento de karate.

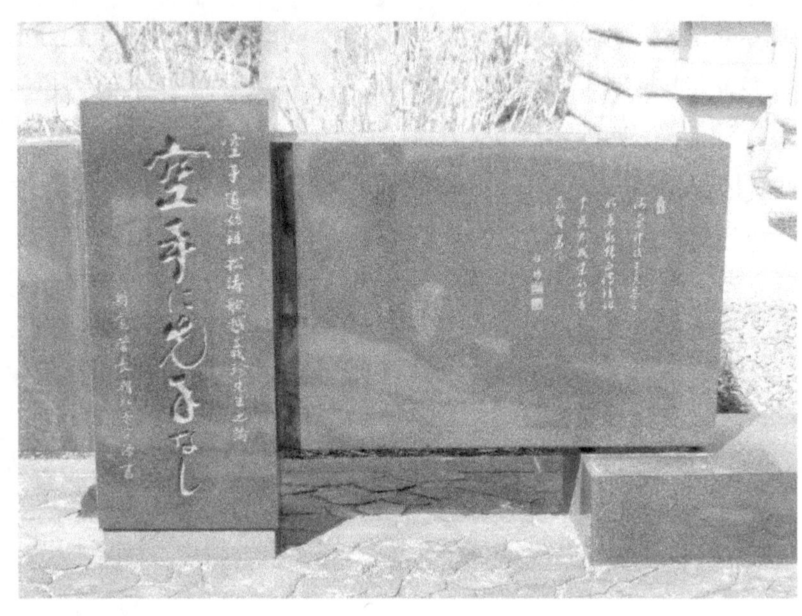
空手に先手なし

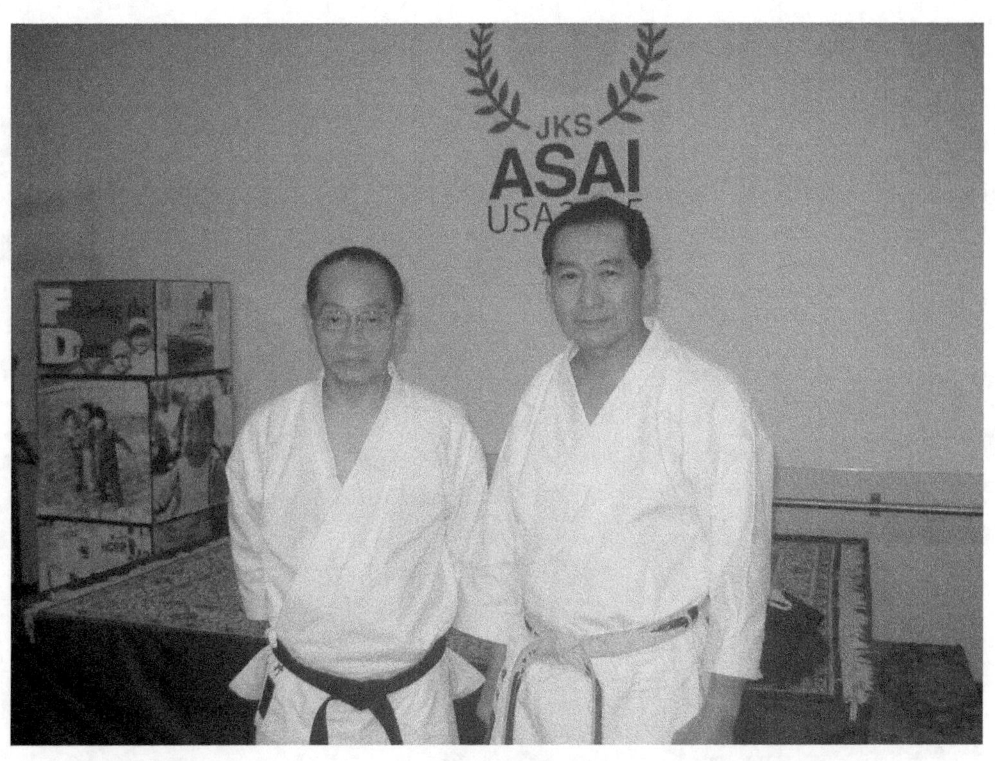

El *shuseki shihan* Tetsuhiko Asai y el *shihan* Kousaku Yokota
2005

www.ingramcontent.com/pod-product-compliance
Lightning Source LLC
LaVergne TN
LVHW020718110826
845149LV00012B/2318